SOCIÉTÉ ARCHÉOLOGIQUE ET HISTORIQUE DU LIMOUSIN

POUILLÉ
DU DIOCÈSE DE LIMOGES

(MANUSCRIT DU GRAND SÉMINAIRE DE LIMOGES)

PAR L'ABBÉ NADAUD

CURÉ DE TEYJAC

ÉDITÉ AVEC DE NOMBREUSES ADDITIONS

SOUS FORME DE

DICTIONNAIRE GÉOGRAPHIQUE

DE

LA MARCHE ET DU LIMOUSIN

PAR M. L'ABBÉ TEXIER

Secrétaire général de la Société Archéologique et Historique du Limousin

LIMOGES

IMPRIMERIE DE CHAPOULAUD FRÈRES

1859

Dans sa séance du 29 décembre 1858, la Société Archéologique et Historique du Limousin avait décidé l'impression, à ses frais, du manuscrit connu sous le nom de *Pouillé rayé* de Nadaud. Notre éminent et regrettable collègue M. l'abbé Texier avait accepté d'être l'éditeur de cette œuvre, qu'il devait compléter par de nombreuses additions, fruit de ses savantes recherches. La mort le frappa au moment où il venait de livrer à l'impression les pages que nous adressons aux membres de la Société et aux abonnés du Bulletin.

Le travail personnel de M. l'abbé Texier se distingue du texte de Nadaud au moyen d'un astérisque placé en tête des articles émanant de lui.

(*Note du Comité de publication.*)

PRÉFACE.

Le pouillé ou polyptique de chaque Église, *polegium*, comprend les bénéfices d'un diocèse, leur revenu et les noms des nominateurs. Au xie siècle, on en connaissait déjà de très-anciens de l'Église de Tours par le nom de *polegia* : ainsi on ne doit pas être surpris qu'anciennement *polegium synodale* et *polegium Ecclesiæ* aient été pris dans la même acception qu'ils ont encore de nos jours. Nous en avons deux anonymes pour le diocèse de Limoges, imprimés à Paris chez Gervais (Alliot), l'un en 1626, in-8°, au IIIe tome du Pouillé général du royaume; l'autre, qui n'en est qu'une copie, au *Pouillé général de l'archevêché de Bourges*, 1648, in-4°. Ce dernier, qui est le P. Philippe Labbe, jésuite (Moréri, 1759), tabla, à ce qu'il dit, *sur les recherches de plusieurs personnes originaires des lieux*, et sur l'assurance de leur fidélité, ou plutôt sur l'ancienne routine des copistes. Aussi fut-il très-mal servi : fautes de toutes espèces, noms défigurés, estropiés, ou mis hors de leur place, les nominateurs très-souvent mal assignés, les noms des autres en blanc, nul ordre, transpositions d'un diocèse et des archiprêtrés de l'un dans l'autre, lacunes immenses, omissions de l'archiprêtré de Gimel et de la plupart des curés de Malte. Une nouvelle édition, non corrigée ni augmentée, était absolument inutile. Les états de la France, du moins celui qui fut imprimé en 1736, T. II, page 552, ne sont pas plus exacts, quoique moins éloignés de nos jours (1).

M. l'abbé Lebeuf, convaincu de ces bévues, eut l'honneur de présenter un mémoire à l'assemblée du clergé de France de 1740. On peut y voir ses preuves et ses raisons, qu'il fit valoir pour procurer un pouillé général du royaume. Son projet n'a pas eu lieu, soit par le défaut de correspondants, soit parce que les prélats n'ont pas voulu autoriser par l'impression le droit des autres patrons, soit parce que ce savant n'indiqua pas les sources où l'on devait puiser pour mettre cet ouvrage dans une justesse qui effaçât tous les défauts des pouillés imprimés. Aussi s'est-il vu lui-même embarrassé pour fixer les vrais collateurs de quelques bénéfices : l'unanimité des pouillés manuscrits et imprimés est son unique caution. Mais qu'elle est faible caution! La discordance des manuscrits de cette espèce conservés trop précieusement dans des chapitres, monastères et chez des particuliers; cette discordance, dis-je, ne ferait qu'augmenter la confusion. Quelles ressources dans les titres des cures? Soit négligence des titulaires, soit rapacité des héritiers, à peine y a-t-on laissé quelques terriers, des registres de paroisse, des testaments où sont fondés des obits, le tout communément en assez mauvais état et de nouvelle date. Quelques secrétariats d'évêchés, conservés avec soin, sont à la vérité un secours, mais presque seulement pour les cures et autres bénéfices dépendants de la crosse, et non pour les prévôtés, prieurés et autres bénéfices simples et réguliers. D'ailleurs combien d'évêques ont été de nos jours dans l'obligation de créer des registres, n'en trouvant aucun de leurs prédécesseurs!

La sage prévoyance du roi Henri II obvia, en 1554, à ces inconvénients futurs par l'établissement des greffes des insinuations ecclésiastiques. Heureux les diocèses où l'on a conservé une si riche minière! car

---

(1) Ce dernier met l'abbaye de Grandmont sous la règle de Saint-Benoît; Saint-Jean d'Oreil ou Autaux, confondant le prieuré d'Aureil avec celui d'Autevaux ou Tavaux; Le Dorat ou La Ville-Dieu de Dorat, nom inconnu; l'archiprêtré d'Alonzac uni à l'abbaye de Vigeois, pour signifier que le curé de Lonzac, archiprêtre de Vigeois, en cette qualité, va prendre possession à Vigeois; il donne pour bénéfice consistorial Saint-Jacques de Guillemare, prieuré ordre de Saint-Augustin, de la congrégation Victorine, et met pour titulaire M. Jean-Baptiste Lardy, chanoine régulier de Sainte-Croix. Ce bénéfice est entièrement inconnu dans notre diocèse. Les pouillés des diocèses de Toul, en 1711; de Meaux, dans l'histoire de cette Église, 1731; de Rouen, 1738, ont l'état des revenus, ce qui est sujet à trop de variations.

on y trouve : 1° tout ce qui peut constater le droit de présentation, collation, élection, confirmation, etc., de toutes sortes de bénéfices. Il n'en est point ou presque point d'existant qui, depuis 1554, n'ait vaqué par mort, auquel quelque patron n'ait nommé, et dont conséquemment il n'ait le dernier état.

2° Plusieurs ont-ils nommé? A remonter de nomination en nomination, on voit la possession paisible de quelqu'un d'entre eux, l'usurpation des autres, ou le droit commun rentrer dans sa vigueur ; on y voit la vraie nature de chaque bénéfice séculier ou régulier, de quel ordre, dans une ville murée ou non, sujet ou non aux grades, dignité ou personnat, sur quelle paroisse, etc.

3° Depuis cette époque, les établissements ou les changements ont été plus fréquents : réformes introduites; nouvelles institutions; suppressions de chapitres, de places monacales, de prieurés et bénéfices unis : les décrets insinués apprennent les motifs des unions, les clauses, les obligations, etc., et fournissent des modèles pour pareilles complaisances, si fréquentes de nos jours. Plaise à Dieu que ceux qui en profitent fassent des fruits qui répondent aux intentions de leurs bienfaiteurs !

4° Veut-on procéder à un nouveau département des décimes, on trouvera dans ces registres des bénéfices érigés depuis le département de 1516; d'autres, ruinés par les protestants ou abandonnés par la mollesse des confidentiaires, que des titulaires zélés ont fait revivre ; quantité de prestimonies ou commissions de messes; et d'autres bénéfices inconnus, qui conséquemment ne supportent pas leur portion des charges. C'est ainsi que jusqu'à présent de petites celles ou prieurés, unis à des chefs-lieux et inconnus, ne paient les décimes que dans le diocèse de ce chef-lieu, et peut-être rien pour ces membres : des syndics pénétrants et zélés pour la justice distributive s'instruiront mutuellement, et pourront rendre service aux chambres ecclésiastiques, sinon de leur diocèse, du moins de celles qui sont dans le cas.

5° Si les RR. PP. bénédictins de la congrégation de Saint-Maur auteurs de la *Nouvelle Gaule chrétienne* s'étaient donné la peine de recourir à ces registres, ils y auraient vu les bulles des évêques, des abbés et abbesses depuis plus de deux siècles sans aucune interruption. Elles fournissent un détail intéressant : le véritable nom, l'âge, la patrie, les services rendus, un éloge du sujet : traits précieux, surtout dans les temps malheureux des confidentiaires et des pillages des protestants. Les deux premiers volumes de ces savants auraient bien moins de lacunes, de noms défigurés et méconnaissables et de fausses époques. Par exemple, ils ont appelé *de Froissac* Jean des Monstiers, évêque de Bayonne, et n'ont su fixer l'époque de sa mort : ce célèbre prélat, qui fit bâtir le château du Fraisse près Mortemar, possédait le prieuré de Saint-Angel en Limousin. Or ce bénéfice est dit vacant en 1569 par la mort de *R. P. en Dieu Jean des Montiers du Fraisse*. L'abbé de Charroux y nomme au mois de mars : le prélat était donc mort en février ou au commencement du mois suivant. Autre exemple qui prouve les avantages qu'on peut tirer des Insinuations ecclésiastiques : dans le catalogue imprimé des abbés d'Aubepierre on ne voit, depuis deux siècles, que Guillaume Levasseur en 1686 et Jacques Riant en 1710. Mais dans ces registres je trouve Aymond Bouchard commendataire, 1556; Michel de La Charpaigne, 1559; Pierre de L'Aige, 1581; frère Jean de Sainte-Maure, 1628, etc.; ainsi des autres abbayes. Cette succession a servi quelquefois à rendre du moins suspects des titres d'ailleurs vicieux.

6° L'antiquité ecclésiastique y trouve des éclaircissements dans le véritable nom des saints locaux : saint Adorateur, martyr, *alias* saint Oradour, défiguré par saint Odorat, est patron de deux églises paroissiales; saint Viance, *Vincentianus*, d'une autre, etc.; culte d'autres saints peu connus : saint Hermès, martyr de Rome, 28 août, à Linareix; saint Trojan de Saintes, le 30 novembre, à Saint-Trié; saint Namphase, solitaire du Quercy, le 12 novembre, à La Chapelle-aux-Saints, etc. : — anecdote pour les continuateurs de Bollandus.

7° Les amateurs de l'antiquité civile y ont aussi de quoi glaner. Le *Cassinomagus* des itinéraires romains n'est point Chasseneuil en Angoumois, mais Chassenon à sept lieues de Limoges, distance qui se trouve dans toute la justesse de la voie romaine. *Dextricios*, ou *Districtios*, ou *Districta* (1), où Raoul, roi de Bourgogne, défit les Normands l'an 930, est, à la vérité, mis en Limousin par tous les chroniqueurs; mais dans quel coin de cette province, alors si vaste avant son démembrement pour former celles du Poitou, du Berry, de la Marche, du Périgord, etc.? Nos meilleurs historiens français ont été embarrassés pour fixer le local de ce champ de bataille. Gaspard Roquet, écuyer, qui, dans son contrat de mariage du 20 juillet 1572, quitte ce nom pour prendre celui de *Détresses*, dont il était seigneur, eut, entre autres enfants, Jean Destresses, mort évêque de Lectoure en 1646. Or dans les lettres de tonsure de celui-ci il est dit né sur la paroisse d'Astaillac dans la vicomté de Turenne. L'analogie m'a fait découvrir ce champ de bataille. Il est près du château de Destresses. Il y a encore un endroit qu'on appelle *camp dolent* : l'Écriture sainte (Eccl., IX, 20) entend par ces paroles : *Super dolentium arma ambulabis*,

(1) Labbe, *Nov. Bibliot. mss.*, T. II, p. 163, 200.

c'est-à-dire *hostium furentium*, vous marcherez au travers des armées d'ennemis pleins de colère.

8° Par le même moyen, je veux dire les lettres de tonsure, démissoires, dispenses, insinués dans ces registres, on se met au fait de toutes les maisons de condition d'un diocèse : il n'en est presque aucune qui, depuis 1554, n'ait fourni quelques ecclésiastiques ; quelques-unes, des évêques, abbés et abbesses ; il en est encore moins qui n'aient obtenu des dispenses de bans : ainsi, sans se faire d'ennemis, on voit les noblesses de nouvelle date, la paroisse du domicile, le bon et le bas aloi.

9° Veut-on embellir l'histoire littéraire des ecclésiastiques, quelqu'un un peu instruit des savants que son diocèse a donnés voit par l'insinuation de leurs lettres de tonsure la paroisse de leur origine ; la profession de leurs parents, les bénéfices qu'ils ont possédés, et l'époque de leur mort par la nomination du successeur ; et ce détail conduit souvent à tirer de l'obscurité des personnages que leur piété et leur érudition ont rendus recommandables : Jean Malherbaud, théologal de la cathédrale de Limoges, Jean de Maumont, Pierre de Bosse, trois célèbres docteurs de Sorbonne, et quantité d'autres, ont dans ces registres des particularités qui serviront dans leur temps aux continuateurs de l'Histoire littéraire de la France.

10° On est tous les jours embarrassé pour recouvrer les titres des bénéfices, surtout de ceux qu'on appelle simples, prévôtés, prieurés, etc., et les registres des paroisses, les noms des titulaires, indiquent les maisons de leur naissance ; et, avec cet éclaircissement, on a retiré des papiers de conséquence des mains des bénévoles.

11° Des curés et autres intéressés à prouver la confidence de leurs bénéfices n'auront qu'à suivre les provisions pied à pied : ils verront deux titulaires, qualifiés de paisibles possesseurs, se démettre à la fois du même bénéfice ; et, le même jour de leur démission, deux autres avoir chacun un visa. Cet abus eut lieu le 5 avril 1568 pour la cure de Teyjac. Par un autre plus récent, depuis 1704 jusqu'en 1755, je vois au moins dix curés à Lesterps ; c'est-à-dire que, à chaque chapitre général des chanoines réguliers de la congrégation de France, on nomme ou on continue le prieur claustral sur la démission de son prédécesseur ; le chapitre du monastère le nomme à la cure, et il ne la garde qu'autant qu'il est supérieur. Quel moyen de connaître ses brebis et d'en être connu, surtout si par l'ignorance du jargon on est un *barbare* pour ces pauvres gens ?

12° Enfin, pour connaître parfaitement le local d'un diocèse, et appliquer aux endroits qu'il renferme les traits lâchés par les historiens ou les chroniqueurs, j'ose dire avec confiance que ceux qui entreprennent les histoires générales ou particulières de nos provinces ne perdront jamais leur temps s'ils commencent leurs collections par le dépouillement des registres en question. Un dernier exemple en fera voir la preuve (*V.* l'article du Palais). Dom Michel Germain a été embarrassé pour fixer la position du palais de nos rois nommé *Jocundiac* dans des diplômes de 793, 830 et 832. Mont-Jauvi et Sainte-Félicité près la ville de Limoges, le lieu des Cars, sont les endroits de sa conjecture. Mais, sans forcer les termes, nous avons deux endroits appelés *Le Palais* : une abbaye près de Bourganeuf ; l'autre, commanderie et cure près de Limoges. Le premier est surnommé *Palatium beatæ Mariæ*, surnom mystérieux et emphatique conformément au goût des premiers cisterciens ; l'autre n'est connu aujourd'hui que par le seul nom de *Palais*, situé sur le bord de la rivière de Vienne. En remontant plus haut, je le trouve surnommé *Jocundiac* dans une pièce à la vérité fabuleuse, mais qu'on regarde comme un fruit du commencement du xe siècle, je veux dire la prétendue Vie de saint Martial par Aurélien. Elle place ce palais de Jocundiac sur la Vienne, près du gourd ou gouffre de Garric : les pêcheurs connaissent parfaitement ce gouffre : il est tant soit peu au-dessus du Palais et au nord-est. On ne peut donc appliquer ailleurs l'expédition de ces diplômes du viiie et ixe siècle.

Tels sont les avantages que j'ai classés dans ces registres lorsque M. du Coëtlosquet, alors évêque de Limoges, m'honora de la commission du pouillé de son diocèse pour seconder le dessein de M. l'abbé Lebeuf. Occupé depuis long-temps à ramasser l'histoire de ma patrie, je trouvai dans un fonds si abondant de quoi me dédommager amplement. Ce travail parut du premier coup-d'œil des plus rebutants, tant par sa sècheresse que par le dépouillement de plus de quatre cents gros registres. Mais un pouillé détaillé, prouvé par chaque année de nomination, enrichi des unions avec leurs motifs et leurs clauses, des mémoires fidèles envoyés aux RR. PP. bénédictins pour une seconde édition du deuxième volume de leur *Gaule chrétienne*, quantité d'anecdoctes, etc., ont été le fruit de ces recherches.

Où sont ces registres ? Par la déclaration de 1691, l'office des nouveaux greffiers est déclaré héréditaire, et les anciens, ainsi que tous autres ayant en leur possession quelques-uns de ces registres, contraints de les remettre entre les mains des nouveaux titulaires, inventaire préalablement fait. Les temps ne sont pas si reculés qu'on ne puisse savoir qui fut chargé du greffe sur la fin du dernier siècle : dès que ce dépôt n'aura été brûlé ni dissipé avant cette époque, on le trouvera très-facilement, surtout s'il n'y avait qu'un bureau dans le diocèse; car Limoges, à raison de sa vaste étendue, en eut d'abord deux ; savoir : un à Brive, uni depuis à un seul. D'ailleurs il n'est pas rare de trouver des provisions ou prises de possession d'un siècle dûment insinuées. Le nom du greffier, la tradition que sa famille ou ses héritiers ont conservée de cet office, fera deviner aisément les personnes qui ont, en total ou en partie, une collection si précieuse, si utile à l'Église et à l'État.

On est entré à Limoges dans un détail si circonstancié que d'un coup d'œil on trouve toutes les provisions de chaque bénéfice, et cela par un relevé de chaque registre et une table alphabétique générale qui indique le numéro et la page. L'amour du bon ordre n'épargne rien ! Celui qui l'a fait mettre, M. du Coëtlosquet, méritera partout d'être servi avec affection. Il me permit de visiter toutes ses archives du spirituel et du corporel : j'y trouvai des pièces curieuses que je dois faire connaître.

Il existe un pouillé sans date où il est fait mention de la chartreuse de Glandier, fondée en 1219, et des préceptories ou commanderies des chevaliers du Temple, supprimées en 1310. Mais il n'y est point parlé des paroisses qui composent aujourd'hui l'évêché de Tulle, érigé en 1318 : ce qui me fait penser qu'il aura été transcrit peu après sur un plus ancien. Je le cite sous l'année 1318. En voici le titre et le plan :

SEQUUNTUR ECCLESIE QUE DEBENT PROCURATIONEM IN DIOCESI LEMOVICENSI CAUSA VISITATIONIS.

Et primo :

In archipresbiteratu Combralie :

III n| *capellanus Sancti Aredii*, xxx l. : *Agedunensis.*
III n| *ca. de Saumeria*, xxx l. : *Agedunensis.*
III n| *ca. de Mazeyraco*, xl l. : *episcopalis.*
I n| *ca. de Chantemieula, pauper, nihil : Agedunensis.*
Abbas Agedunensis, viii *libras debet, duas procurationes*, etc.

La première colonne, qui marque les réaulx, *regalia*, semble indiquer le revenu ; la seconde, les bénéfices et leur qualité ; la troisième, les droits de visite, qu'on appelait alors *procuration*, qui était un droit de gîte et de repas : deux procurations, c'est-à-dire deux repas (Lebeuf, *Hist. du diocèse de Paris*, T. IV, p. 5 et 84) ; la quatrième, les patrons. Comme on exigeait, dans ces temps-là, d'autres droits peu connus, je les expliquerai ici, ne trouvant ailleurs de place pour le faire. *Conventus*, dans les synodes, était un droit cathédratique qu'on payait dans ces assemblées : une moitié, à l'évêque ; l'autre, à la cathédrale. *Parata* n'était dû qu'aux années bissextiles par l'archiprêtre et les curés de l'archiprêtré de Saint-Junien : c'était l'obligation de fournir le logement et la nourriture. *Paradella* était dû par les mêmes aux années non bissextiles, et ne s'élevait qu'à la moitié du précédent.

Des procès-verbaux de visites du diocèse dès le xve siècle, où il est ordonné de rebâtir quantité d'églises, sont encore une de ces curiosités qui font voir le goût d'architecture de ce temps-là ; les livres de recette, où l'on porte à compte ce que l'on a touché pour la dédicace de quelques églises ; des registres de visa antérieurs de quarante ans aux Insinuations ecclésiastiques ; une imposition de 4,652 livres 5 sous, en l'année 1564, sur les bénéficiers ou communautés ecclésiastiques séculières du revenu d'au-dessus de 400 livres, où l'on trouve des bénéfices aujourd'hui absolument inconnus, et l'on voit la perte des revenus de la plupart de ces communautés ; enfin le chapitre de Saint-Junien, les abbayes de Maymac, Beuil, Les Allois, et quantité de curés m'ont aussi laissé glaner dans leurs papiers ; des minutes de notaires dès le xive siècle m'ont encore fourni quantité d'anecdotes intéressantes pour cette partie et pour l'histoire du diocèse.

Avec ces secours et celui des livres imprimés, j'ai tâché de remonter à l'origine des bénéfices, d'en marquer les fondateurs. Les cures sont presque toutes trop anciennes, et ont passé par trop de mains pour qu'on puisse en fixer l'établissement : nous ne savons que l'existence de quelques-unes avant des monastères même anciens, comme Solignac, Meymac, Chambon-Sainte-Valérie, etc. J'ai inséré, conformément au plan donné par M. l'abbé Lebeuf, les saints patrons de chaque église, surtout ceux dont le culte est moins célèbre : telle en a jusqu'à trois, parce que souvent on dédiait une église en l'honneur de celui dont on faisait la fête le jour de la cérémonie, et on le donnait pour second patron ; on en prenait un troisième, parce qu'on possédait ou qu'on croyait posséder quelques portions de ses reliques. Les saints titulaires de chaque église méritent une attention particulière : il est, selon M. l'abbé Lebeuf, important pour la conservation des faits historiques de ne les pas changer. Sans ce secours, comment appliquer quantité d'anciens titres ? Le nom du saint fait souvent mieux connaître l'endroit que celui du lieu, souvent défiguré : parmi ces noms locaux, il en est qui n'ont que le même sans aucune autre détermination, et qui sont très-éloignés les uns des autres : le nom du saint titulaire, inséré dans la chronique ou dans l'acte, démontre l'application qu'on en doit faire. Sans sortir de notre diocèse, nous avons un exemple de l'erreur qu'a occasionée la ressemblance des noms, et que le nom du saint a rectifiée : on a écrit qu'Hilduin, un de nos évêques, chassa les moines d'Ahun, *Ahenti*, *Agenti*, trois jours avant sa mort, arrivée en 1014. A ce compte, ils n'y auraient demeuré que dix-sept ans, et ils étaient alors, ainsi que tous les établissements, dans leur première ferveur; mais ce fut ceux d'Aymoutiers qui furent chassés *Sancti Stephani Ahenti*, au lieu que la sainte Vierge est patronne de l'église abbatiale d'Ahun.

J'ai voulu me contenter moi-même en insérant à chaque paroisse le nombre des habitants, et en faisant deux classes pour les villes qui en ont à la campagne. La première classe est pour la ville. J'ajoute à chaque bénéfice les décimes qu'il paie cette année 1762 : ce qui servira à en faire connaître à peu près la valeur; j'ai encore voulu placer à leur paroisse les châteaux, villages ou gros endroits qu'on a mis dans les cartes géographiques du diocèse, ce qui servira souvent à les rapprocher, et à rectifier cette partie, assez défectueuse jusqu'à présent. Enfin un catalogue de nos évêques, des doyens de la cathédrale, abbés, abbesses et de quelques premières dignités des chapitres, ou des prieurs de chefs-lieux, m'a paru pouvoir entrer dans le corps de cet ouvrage, avec d'autant plus de raison que ceux que nous avons n'ont été faits que sur des mémoires fautifs : ces prélats sont patrons de la majeure partie des cures, le seigneur évêque n'en ayant pas le tiers à sa collation.

Quel ordre garder? L'alphabétique paraît le plus commode, malgré les transpositions d'un bout de diocèse à l'autre, les répétitions des archiprêtrés où sont enclavées les cures (1). Les archiprêtrés n'ont jamais eu de rang marqué. Les cisterciens et les grandmontains ne doivent pas me savoir mauvais gré si je place les cures avant leurs monastères : l'ordre chronologique l'exigeait. J'aurais dû donc suivre le même ordre pour les cures des bénédictins et des chanoines réguliers, et ne placer leurs monastères qu'après les cures des lieux : nous n'en avons point qu'ils aient défrichés ou fondés : tous les endroits où ils se sont établis étaient déjà connus : par exemple, Solignac (*Vit. S. Elig.*, l. I, c. XV), et ainsi des autres; mais le mot de Trithème, quoique dans un sens différent, *matrem suffocavit filia*, m'a déterminé à parler de l'abbaye devenue *curé primitif* par une dévotion du temps, quoiqu'il n'en fût pas de même dans son origine. Le saint titulaire de chaque église et le jour de son culte m'ont aussi paru nécessaires pour distinguer celles qui portent le même nom : on a confondu Ahun et Aymoutiers, faute d'attention que l'un est sous le vocable de la Sainte-Vierge, et l'autre sous celui de Saint-Étienne. Les saints titulaires de nos églises paroissiales sont antérieurs à ceux des réguliers fondateurs d'ordres ou à leurs enfants. Si quelqu'un a été célèbre par ses miracles, il ne sera devenu que patron secondaire.

Venons à quelques articles que je ne pourrais pas insérer dans le corps de cet ouvrage. (Baluze, *Hist. Tutel.*, col. 623, 629.) Le pape Jean XXII, jugeant que le diocèse de Limoges était trop étendu, que le pasteur ne pouvait remplir tous ses devoirs, connaître toutes ses brebis, ni les secourir facilement, érigea la ville de Tulle en cité, et son monastère de l'ordre de Saint-Benoît, soumis ci-devant à l'évêque de Limoges, en évêché, en église cathédrale, avec toute exemption de la juridiction de l'évêque et chapitre de Limoges. La bulle est datée d'Avignon le 13 août, la première année de son pontificat 1317. Par autre bulle du 7 février suivant, sur les informations et avis des évêques de Limoges et de Tulle, il composa ainsi assez bizarrement ce dernier diocèse, non d'un archiprêtré de celui de Limoges, ainsi que le dit Chopin (*De sacr. Polit.*, titre IV, art. 12), mais des paroisses suivantes, distraites de différents archiprêtrés de notre diocèse, et des monastères, prieurés, dignités, etc., qui se trouveraient dans l'étendue de ces paroisses :

Saint-Pierre de Tulle, vers l'an 930 (Baluze, *Hist. Tutel.*, col. 333); vicairie y fondée par Hugues de Combarel, qui en avait été évêque;

Corrèze, prieuré-cure : Saint-Michel; communauté de prêtres;

Bar, cure : Saint-Vincent, où était une viguerie, *vicaria*, l'an 889 (Baluze, col. 320, 356);

Orlhac;

Naves, cure, où était une viguerie, *vicaria*, en 894 (Baluze, col. 322, 323); communauté de prêtres;

Saint-Clément, prieuré séculier;

Plas, prévôté, paroisse de Saint-Clément, membre dépendant de la cathédrale de Tulle;

Chanteux, cure : Saint-Michel : serait-il ce *castrum* surnommé *Castellucius* dans les lettres d'Ermenric, et situé dans le pays limousin et la viguerie de Bar? Valois (*Notit. gall.*, p. 134) le confond avec Chalus-Chabrol;

Favars (Valois, *ibid.*, p. 1117) : Archambaud de Combornn céda ce lieu à Beaulieu; sa femme *Engalcia*, fille de Hugues de Malemort, donna l'église du temps du pape Alexandre et du roi Philippe, au mois de juin, entre 1061 et 1072 (Justel);

Chameyrac, cure : Saint-Étienne, *Cameyracus*; Rodulphe, archev. de Bourges, mort en 866, l'avait

---

(1) Nadaud s'était arrêté à l'ordre des archiprêtrés, distribués selon leur importance, et, pour les cures de chaque archiprêtré, à l'ordre d'appel au synode. Nous avons rétabli l'ordre alphabétique : les motifs de ce changement sont exposés dans notre introduction. — T.

donné au monastère de Beaulieu (Baluze, *Hist. Tutel.*, col. 320);

Sainte-Fortunade, cure connue dès 894 (Baluze, col. 322);

La Garde, cure : Saint-Léger, Sainte-Marie, vers 930 (Baluze, col. 333, 343);

Le Marcho, peut-être Merquez ;

Chastang;

Albussac, cure : Saint-Martin; *Albuciacum*, vers 930 (Baluze, 334);

L'Aguène, cure : Saint-Martin, vers 930 (Baluze, 333, 339);

Chanac, cure : Saint-Pardoux; Cannac, vers 930 (Baluze, *ibid.*);

Saint-Bonnet-Avaloze, vers 930 (Baluze, *ibid.*);

Ladignac, connue en 879 (Baluze, 350);

Pandrignes;

Espagnac : Saint-Gervais et Saint-Protais ; prieuré uni à la chambrerie de la cathédrale, cure;

Saint-Paul, cure;

Saint-Sylvain, cure; vicairie fondée par Étienne Solabel, curé de Puy-d'Arnac, l'an 1467; augmentée, en 1503, par Jean Solabel, son neveu et son successeur;

Faorzes : Saint-Martial, vers 930 (Baluze, 332, 347);

Saint-Bonnet-Alvern ou Alverge, cure vers 930 (Baluze, 333); l'évêque de Limoges y nomma en 1476;

Saint-Amant, *Amantius*, vers 930 (*id.*, *ibid.*);

Saint-Pardoux près Saint-Amant, vers 930 (*id.*, 334);

La Chapelle de Beaupuy, peut-être le prieuré de Belpeuch, paroisse de Camps; Saint-Bandile ou Bansile;

Saint-Martial d'Entraigues, *inter aquas*,

Haute-Faye : la Sainte-Vierge, jadis Saint-Julien, cure ; il y avait une église du temps du roi Philippe, entre 1059 et 1108 (*Cartul. Vosiense mss.*);

Saint-Julien-Alboys, cure; communauté de prêtres;

Saint-Privat;

Darazac;

Bassignac le Haut et le Bas : un près Brivezac;

Saint-Cyr;

Saint-Genest près Merles : évêque nomma en 1608;

Des Angles : Saint-Martin, cure;

Saint-Julien-le-Pèlerin ; un Saint-Julien près de Tulle vers l'an 930; (Baluze, 333) autre de *Garriga*;

Cescles;

Saint-Bonnet-le-Pauvre;

Camps;

Vengabel, peut-être Saint-Mathurin-de-Léougabel;

Mercœur;

Reygades;

Auriac;

Relhac : Saint-Martin, prieuré-cure; communauté de prêtres;

Argentac, connu vers l'an 934 (Baluze, 334, 344);

Glénic ou Glanes : Sainte-Madeleine, prieuré séculier;

La Chapelle-Saint-Gérald, cure : l'évêque nomma en 1609;

Serveria;

Saint-Nicolas;

Saint-Xantin ;

Goules, *de Algulico* : Saint-Martin, cure;

Chansac : Sainte-Madeleine; prieuré, paroisse de Chanteny ou Chanteux;

Je ne trouve pas dans cette bulle Saint-Jean de Montcalm, *de Monte calmo*, prieuré.

C'est le seul démembrement qui ait été fait de notre diocèse jusqu'à présent ; car on ne peut regarder que comme une fable ce qu'on trouve dans le Cartulaire d'Uzerche, pièce d'ailleurs si décriée à Uzerche même qu'elle y sert de comparaison odieuse : *menteur comme le Cartulaire*. Baluze y a reconnu des fables. On y dit que Pepin, ayant vaincu Waïfer, y fit élever dix-huit tours, y fit bâtir une cité, érigea dans cette ville un siège royal et épiscopal. On ajoute qu'elle fut assiégée par les Huns ou Ismaélites pendant sept ans, et on cite pour caution la Vie de saint Pardoux, qui n'en dit rien. L'évêque Turpio, ne voyant que d'assez mauvais œil qu'on réduisait à presque rien son siège épiscopal de Limoges, donna la ville d'Uzerche à des laïques, disant qu'un mari ne doit pas avoir deux femmes, ni l'évêque deux sièges. La première défaite de Waïfer par Pepin est l'an 761. Turpio siégea au moins dès 905 jusqu'en 944. Trouvera-t-on quelqu'un qui ait pris la qualité d'évêque d'Uzerche dans les conciles tenus pendant cet intervalle? Le titrier du Cartulaire n'a osé le hasarder à qui que ce soit (col. 827). A la bonne heure que Pepin y ait fondé un monastère : Uzerche était connue long-temps auparavant, puisque saint Ruricie, un de nos évêques, en parle dans ses lettres, mais jamais sous la prérogative d'évêché.

Quoique les officialités ne soient pas des bénéfices, il ne sera pas hors de propos de lâcher un mot sur celles du diocèse, puisque les officiaux sont les juges naturels des bénéficiers. Nous en avons quatre :

A Limoges, pour le Haut-Limousin ;

A Brive, pour le Bas-Limousin. Le syndic des consuls, manants et habitants de Brive exposèrent au parlement de Bordeaux que de tous temps un juge ordinaire de l'official de Limoges siégeait pour le soulagement des habitants dans le bas pays limousin : ce que le syndic de la cathédrale de Limoges s'était efforcé de troubler pendant la vacance du siège épiscopal. Arrêt du 20 mars 1510, vieux style, qui ordonne la continuation au château de Belleville, paroisse de Feuillade, diocèse d'Angoulême. J'ai vu une acquisition faite par

Raynald de Roffignac, chevalier de Saint-Germain-les-Vergnes, sur noble Jean de Corson, du lieu de Treignac, de quelque rente de la paroisse d'Allassac, par acte passé, le 24 septembre 1308, à Tulle, sous le scel de l'official dudit lieu : il y avait donc dès lors une officialité pour le Bas-Limousin, et, depuis l'érection de la ville de Tulle en évêché, on aura transporté cette juridiction à Brive.

Autre officialité à Guéret pour la Marche et le Poitou.

Autre à Chénérailles.

Parlons de nos archidiacres : nous n'en avons aujourd'hui qu'un seul, qui est dignité dans la cathédrale, mais sans prébende et sans la moindre juridiction. Dès l'an 549, Bantaredus assista au cinquième concile d'Orléans à la place de l'évêque Rurice second du nom (Justel, *Hist. de Turenne*, p. 14). Égesius fut le seul dans le synode diocésain du 4 novembre 897; ce qui pourrait faire soupçonner qu'il n'y en avait point d'autres alors, ou que du moins on ne les avait pas multipliés au point que nous le verrons (Baluze, *Hist. Tutel.*, col. 439). Regardés comme le conseil de l'évêque, ils se seraient trouvés sans doute à une assemblée si générale. On y voit trois archiprêtres, qui sont nommés après cet archidiacre; trois de ces derniers furent présents à un acte de l'an 1080; deux seulement, à d'autres actes de 1085 et 1106 (Baluze, *Mais. d'Auv.*, T. II, p. 888); trois en 1148; mais alors ils n'avaient point de district fixe : leurs fonctions étaient attachées à la personne, et non aux lieux: au titre d'archidiacre ils n'ajoutaient que ces mots : « Dans l'Église de Limoges ».

Quel rang y occupaient-ils? Trois assistèrent à l'élection d'Itier pour évêque de Limoges l'an 1052, le 4 janvier; ils sont nommés après le doyen et le prévôt, mais avant le chantre. L'archidiacre ouvrit par une lecture les deux sessions du concile de Limoges, 1031. Quoique celui de Bourges de la même année n'eût exigé d'eux que de se faire ordonner diacres, ils avaient cependant des droits sur les curés. L'évêque Sébrand, donnant, en 1191, les églises d'Eybouleuf et de Moissannes au monastère de Saint-Léonard-de-Noblac, met cette réserve : *Salvo jure episcopi Lemovicensis et ministrorum suorum, videlicet archidiaconorum et archipresbiterorum qui præsunt ecclesiis illis, in quæsitis, in synodis, in paratis, in sententiis observandis et debitis obedientiis adimplendis*. On voit par là que, chacun dans leur district, les archidiacres connaissaient des plaintes, rendaient des sentences, faisaient des ordonnances, levaient des droits aux synodes, et que, dans le cours de leur visite, on les nourrissait. C'est l'explication du mot *parata* (Bignon, *apud Baluz. Capitul.*, T. II, p. 884). Un de nos écrivains l'a traduit par le mot de *livrée*, dont on se sert encore à la cour pour exprimer les vivres qu'on donne tous les jours aux commensaux de la maison du roi. Là c'était donner l'hospice (*Marca hispan.*, l. III, c. XIX, n° 6). Les archidiacres ne visitaient pas en seuls : les archiprêtres le faisaient aussi; mais les uns et les autres n'étaient que commis. Par une transaction de 1313, entre l'abbé du Bourg-Dieu en Berry et l'évêque de Limoges, pour la cure du Mas-Saint-Paul, aujourd'hui sur la paroisse de Tercillat, l'évêque commettait qui bon lui semblait pour visiter son diocèse, et, dans un acte de 1514, l'évêque seul a ce droit, à l'exclusion de l'archidiacre et des archiprêtres. A présent l'évêque nomme des visiteurs qu'il charge d'un certain canton : ils sont révocables à volonté. Au reste, ces archidiacres ne prenaient dans leurs armes aucune marque de dignité, ni crosse, ni bâton pastoral, etc. (*Mais. d'Auverg.*, T. II, p. 274). Le sceau de Bernard de Ventadour au bas d'un acte de 1264 est tout uni.

Voici tous les archidiaconés que je connais :
Vigeois, vers 1170 (Baluze, *Hist. Tutel.*, col. 489);
Aubusson, 1300-1457;
Chénérailles, 1457;
Ayen, vers 1140 (*Cartular. Vosiense, mss.*);
Saint-Junien, 1170 et 1408;
Brivezac, 1083, 1302 (Moréri, 1759, T. IX, p. 292);
Limoges, 1225, 1264;
La Marche, 1137, 1328, surnommé aussi de Saint-Junien;
Bénévent, 1247, 1457;
Combrailles, 1276, 1454 : il avait 25 livres de pension annuelle sur la cure de Champagnac et le patronage;
Meymac, 1306, 1409, 1295, 1293;
Malemort;
Nontron, 1263, 1409.
Les six derniers existaient seuls en 1258 (*Mss. 5452. Bibl. reg.*).

Peu après le milieu de XV° siècle, l'évêque et la cathédrale avaient supprimé tous les archidiaconés. Mais, après le décès de Jean Rogier, prêtre, chanoine et sous-chantre de cette église, jadis archidiacre de Bénévent, quoique, long-temps avant sa mort, il n'en fît aucune fonction dans l'église matrice ni ailleurs, quelques chanoines nommèrent Jean Bayard, clerc. L'évêque, le doyen et le chapitre, par acte du 1er mars 1475, vieux style, reçu sous leurs sceaux par Sudraudi, greffier, firent appel de cette collation, et révoquèrent de nouveau tous ces archidiaconés. Cependant l'évêque, ou pour conserver son droit, ou pour rompre en visière à Bayard, conféra, le 28 octobre suivant, cet archidiaconé de Bénévent à Antoine Garron, prêtre. Enfin, par bulle du 24 janvier 1476, vieux style, du consentement du prélat et du chapitre, les archidiaconés sont annulés à perpétuité. Elle fut fulminée, le 27 juin même année 1477, par Jean, abbé de Bourges, et l'official de la même ville. Bayard plaida long-temps aux requêtes du palais sans que j'en sache le succès; car ces particularités ne me sont connues que par l'étiquette d'un ancien répertoire des titres de l'évêché intitulé *Ac singularem*.

Nous appelons archiprêtres ce qu'on nomme ailleurs doyens ruraux: ils avaient rang après les archidiacres, et paraissent avoir été du conseil des évêques. Anselme consentit avec les uns et les autres à la donation de l'église de Foriaras au monastère de Beaulieu. En 1093, ils n'avaient aucun bénéfice attaché à leur office. Les premiers qu'on trouve annexés à des églises sont ceux de Saint-Julien-de-La-Porcherie en 1106; Lubersac ou, comme on prononçait alors, Loberzac en 1114. Outre ceux que nous avons à présent, et dont tous ne sont pas de cette haute antiquité, j'ai trouvé les suivants:

Je trouve trois archiprêtres sans aucune église attachée à leur office en 1146 (Bal., *Hist. Tutel.*, col. 888);

Chambon, vers 1150;

Noallas, ou Noailhac, ou Nouailles, en 1107.

Pérols, en 1158;

Sellac ou Seilhac, vers 1104: ces quatre n'existent plus.

Gall. christ. nov., T. II, p. 498, met dix-sept archiprêtrés, et omet celui de Limoges; plus de six cents paroisses, ce qui est vrai, puisqu'il y en a huit cent soixante-deux sans les succursales. L'almanach Royal en met mille, et se trompe.

L'an 1288, l'évêque Girbert unit, de son autorité, les archiprêtrés d'Aubusson, Anzème, Brivezac, Combraille et Saint-Paul aux églises paroissiales de Néoux, Saint-Sulpice-le-Guérétois, Montceaux, Lupersac et Saint-Paul. Le chapitre de la cathédrale, prétendant que c'était contre le droit et coutume, fit cesser le service divin par sentence d'interdit: les uns et les autres s'en rapportèrent à l'arbitrage de G. de Maumont, chantre de Bourges, et d'Étienne Chamerleux, chanoine et official de Paris. Il fut convenu que les pourvus de ces archiprêtrés renonceraient en chapitre à leur droit, et que cependant la cathédrale donnerait son consentement à ce que l'évêque unît telles cures et églises qu'il jugerait à propos à chaque archiprêtré. Ils sont à présent au nombre de dix-huit, et renferment environ neuf cents cures, y compris les succursales, c'est-à-dire ces églises où repose le saint Sacrement, et où sont des fonts baptismaux.

Ces archiprêtres, en 1375, payaient pour leur qualité 10 sous de droit à chaque synode; mais ils étaient amplement dédommagés par ce qu'ils levaient sur les curés et ecclésiastiques de leur district. Simon de Cramaud, quoique archevêque de Reims et titulaire du patriarchat d'Alexandrie, ne dédaignait pas, en 1419, l'église paroissiale de Bessines, décorée dès lors d'archiprêtré de Rancon. Son fondé de procuration assensa les revenus 120 livres, se réservant les droits de visite et la moitié des fruits et émoluments provenants du décès des curés et prêtres de son archiprêtré. Celui d'Anzême prétendait, en 1469, la succession du curé de Bétête, mort sans tester, et, par cette raison, l'évêque exigea tous ses biens meubles. Ce droit nous paraît singulier; mais, au commencement du XIVe siècle, tous les biens meubles des mortaillables qui mouraient sans confession appartenaient au seigneur. Martial Formier, abbé de Saint-Jean-d'Angely en qualité d'archiprêtre de Saint-Junien, demande aux héritiers du curé de Veyrac le cheval, bréviaire, manteau, lit, landier ou chenet, pinte, écuelle et plat d'étain: ils lui remirent les trois premiers articles, et s'obligèrent de lui payer six livres pour le reste, par acte passé à Saint-Junien le 20 novembre 1488. Le 21 janvier suivant, Jacques Meyriglier, curé de Saint-Yrieix-sous-Aixe, lègue, par son testament, une livre de cire à cet archiprêtre en ce qu'il ne pourra rien demander dans sa succession de *Fagia*. Noble Pierre Faulcon, prêtre et archiprêtre de Nontron, curé et chapelain des églises d'Oradour et de Vayres avec leurs annexes, assensa, le 14 février 1489, à deux prêtres, tous les fruits, profits, cens, rentes, émoluments de l'église d'Oradour et le droit de son archiprêtré de Nontron, 420 livres pour trois ans. Les premiers devaient payer les lettres de non-résidence, le droit de visite et de synode. L'archiprêtre aura la *deypueilhe* des trois premiers curés qui décéderont. Le même, par acte du 27 mai 1495, assensant à un prêtre le *corroilh* ou verrou de l'église, ainsi qu'on parlait alors, se réserve les *eychètes* de succession des curés qui pourront aller de vie à trépas pendant le bail: le fermier se charge de servir *in divinis* en bon recteur, et de payer toutes charges ordinaires, comme visitation, lettres de non-résidence et les *senes*, c'est-à-dire synodes. Le chantre de la cathédrale, comme archiprêtre de Limoges, eut un différend avec l'évêque à raison de la cure d'Isle, pour la faire servir pendant quarante jours après la mort du titulaire. Le mercredi après la fête de la Nativité de la sainte Vierge 1501, le chapitre de la cathédrale conclut de donner secours et *invention* au chantre touchant son droit pour le poursuivre aux dépens de lui chantre, et pour faire des remontrances à l'évêque telles que de droit, et commet à ce fait deux chanoines.

En 1493, l'archiprêtre de Lubersac se plaignit au chapitre de la cathédrale des curés de son archiprêtré qui ne voulaient pas payer la *parada* les années bissextiles, et demanda de les y contraindre. On lui dit qu'on s'informerait des autres archiprêtres sur la coutume, et qu'on lui donnerait réponse. Cette compagnie prit en partie le fait et cause de son chantre.

Je n'ai pu savoir quand ni comment ils ont perdu ce droit de déport; tout ce qui leur reste dans les statuts synodaux de 1519 et 1533 est pour eux plus embarrassant que lucratif : ils doivent assister personnellement aux synodes; y laisser, avant de se retirer, les noms des curés qui ont comparu ou non, de ceux qui résident ou non; le tout sous peine de parjure, de suspense et d'amende; que si, à cause d'une grande et très-légitime excuse, ces archiprêtres ne peuvent venir, ils enverront un prêtre savant et honnête, qui, avec une procuration expresse, et sous son serment, assurera que l'exoine des absents est véritable (*exonium* signifie empêchement, affaires qui dispensent quelqu'un de comparaître en justice au jour qu'il a été ajourné : on se sert encore en Limousin de ce terme); ils devaient tenir des registres de ceux qui, par un abus du temps, avaient des lettres de non-résidence et de pouvoir faire servir.

Dans les statuts imprimés en 1620, il leur est aussi enjoint d'envoyer, dans un mois après la publication du synode, *les noms des curés non résidants et paroisses de leurs archiprêtrés, et, en outre, donner avis des absences qui se feront ci-après, à peine d'être eux-mêmes châtiés pour leur négligence. Eux surtout informeront des manquements es églises et paroisses de leur district contre les règlements et constitutions, et donneront par écrit les noms des curés de leurs archiprieurés qui ne rendent en leurs paroisses le service qu'ils doivent, soit par faute de résidence, ou pour n'être promus à l'ordre de prêtrise. Tous archiprêtres comparottront et se présenteront auxdits synodes;* mais on ne charge que des personnes notables de certifier l'attestation des absents. Par les statuts imprimés en 1629, *les curés, au plus tôt qu'ils pourront après le Jeudi-Saint, iront eux-mêmes en personne demander les saintes huiles aux archiprêtres; que s'ils ne peuvent y aller eux-mêmes en personne, seront tenus d'y envoyer un prêtre ou diacre, sans qu'il leur soit loisible de commettre cette charge à aucune personne laïque.* Les archiprêtres furent débarrassés de donner avis de la non-résidence des curés, des noms de ceux qui n'étaient pas promus à l'ordre de prêtrise, et des manquements contre les règlements. Les visiteurs furent honorés de cet ordre dans les ordonnances synodales imprimées en 1682 et 1703..... Merigot, archiprêtre de Saint-Paul, qui avait eu une commission pour faire la visite, s'avisa de mettre, dans la signature du procès-verbal, *visiteur-né;* mais M. de L'Isle du Gast, alors évêque, lui révoqua tout de suite les pouvoirs. Ce prélat ne fut pas sans doute informé des qualifications que prit un de ses archiprêtres dans la collation d'une vicairie, le ..... 1731 et le ..... 1732, insinuées au greffe des insinuations ecclésiastiques du diocèse : il aurait sans doute exigé la rature de quelques termes qui approchent trop à l'épiscopat : « Nous, messire Jean-Baptiste de Cosnac, écuyer, prêtre, bachelier en théologie, curé de Brigueil-l'Aîné, et, par la miséricorde de Dieu, archiprêtre de Saint-Junien ». Il ne reste aujourd'hui pour toute ombre des droits et de la juridiction que les archiprêtres avaient prétendus et dont ils étaient en possession que le privilége d'aller, eux ou leurs vicaires, chercher à Limoges les saintes huiles d'abord après Pâques, et de les distribuer chez eux aux curés et communautés de leur arrondissement, arrondissement au reste très-bizarre et très-irrégulier. Tel archiprêtre éloigné de dix à quinze lieues de Limoges a dans son département des cures presque aux portes de cette ville.

Finissons par les vicairies ou commissions de messes, qu'on appelle ailleurs prestimonies. Cette dévotion s'accrédita si fort jusqu'à notre époque qu'on pourrait compter plus de treize cents de ces bénéfices fondés par des gens de toutes espèces; mais il en est assez peu aujourd'hui qui vaillent les frais du notaire et du contrôle. On en voit la cause dans les actes mêmes de la fondation : 1° la modicité du revenu : telle vicairie est chargée de trois messes par semaine, et n'a que 7 livres 10 sous de revenu par an; 2° l'embarras de créer des rentes en argent sur des gens solvables, d'en empêcher la prescription, d'en placer le remboursement; 3° la complaisance des patrons à prêter les titres; la négligence des titulaires à les conserver ou à les remettre; 4° peut-être la mauvaise foi des premiers, surtout s'ils ont été censitaires ou redevables, que sais-je? peut-être encore 5° la mollesse des titulaires pour des parents ou des amis d'une fortune médiocre, qui ne voyaient qu'avec un œil jaloux des fondations faites par des ancêtres opulents. Par ces raisons, on ne doit pas être surpris si je ne donne que des indications de plusieurs de ces vicairies, et si je n'ai pu tirer de l'obscurité une quantité prodigieuse de pieux fondateurs à qui l'Église est redevable de leurs bonnes intentions.

Un avis à donner aux patrons, tels qu'ils soient, c'est d'exiger de ceux qu'ils nomment l'insinuation de leurs provisions au greffe ecclésiastique. En cas de contestation, ils trouveront dans ce dépôt public de quoi constater leur droit contre des usurpateurs; le nom des titulaires pour exiger des héritiers la remise des titres; quelques-uns même, réduits aujourd'hui à une fortune au-dessous de la médiocre, se verront descendre par les femmes de conseillers dans les cours souveraines et autres personnes en place, qui, par cette raison, pourraient leur procurer un état plus commode.

Du reste, je n'ai pas cru devoir parler de ces vicairies dont le service est affecté à une communauté de prêtres ou de religieux, parce qu'il n'y a aucune nomination, et que ce sont bien moins des bénéfices que des obits à acquitter. Je parle des prébendes destinées à la psallette, hôpital et dans les églises collégiales : quoiqu'elles ne soient pas du nombre des canonicats effectifs, elles servent à faire voir le plus ou le moins de revenu des chapitres.

Dans les premiers temps, on ne connaissait qu'une seule église, du moins pour les paroisses de la campagne : chez les Hébreux, Dieu ne voulait être adoré que dans le temple de Jérusalem ; mais des hommes admirables de l'ancienne loi, qui pénétraient la fin des ordonnances de Dieu, savaient que tout lieu était propre pour l'adorer ; et, vivant déjà par l'esprit de la nouvelle alliance, ils dressèrent des autels particuliers : tels sont Gédéon, Samuel, David, Élie, etc. Si l'Écriture sainte a eu soin de marquer ce détail, il convenait de nommer ceux qui ont bâti des chapelles particulières pour servir d'oratoire à leur maison, à leurs voisins et aux passants. Le concile d'Agde, canon 21, permit d'avoir des oratoires à la campagne à ceux qui sont loin des paroisses, pour s'y assembler et y faire l'office, à l'exception de Pâques et autres jours solennels, qu'on doit passer dans la ville épiscopale ou venir à la paroisse, et je n'ai donc garde de parler des chapelles domestiques, surtout dès qu'on n'y a fondé aucun bénéfice : M. Fleury s'élève contre ce faste des grands, qui, au xie siècle, avaient multiplié ces chapelles domestiques. Les conciles les ont toujours prohibées, et les évêques ne les souffrent communément, et ne permettent d'y célébrer le saint sacrifice ; que pour des raisons connues. Dès que les besoins ont cessé, ou que les maîtres n'ont plus résidé, on les a tellement négligées que plusieurs sont aujourd'hui totalement en ruine. La perte n'en est pas à regretter : le moindre mal était jadis les mariages clandestins qu'on y administrait ; *le prêche et la cène avaient été exercés dans d'autres* à peu près comme dans le petit dôme que Michas avait fait bâtir séparément dans sa maison pour le Seigneur, et où, par un mélange monstrueux, on joignait la religion avec la superstition de l'idolâtrie, le culte du vrai Dieu avec les images taillées et jetées en fonte. Les aumôniers, semblables au lévite qui se retira chez Michas, s'établissaient où ils pouvaient, et où le salaire était le plus lucratif. Il donnait au sien chaque année dix pièces d'argent, deux habits, ce qui était nécessaire pour la vie et les offrandes dont on lui remplissait les mains : vils mercenaires, ces prêtres se louaient par-devant notaire pour un certain temps à tant de gages, et à ne dire la messe qu'à l'heure des maîtres des châteaux ; ils ne rougissaient pas de servir de receveurs, et de mettre dans leurs quittances : *Par ordre de Monseigneur* : je n'en ai vu que trop de preuves.

CHRONOLOGIE DES ÉVÊQUES DE LIMOGES

ET DE CE QUI A ÉTÉ ÉTABLI OU DÉTRUIT SOUS LEUR PONTIFICAT.

I. — Saint Martial, mort le 30 juin; ses reliques sont dans l'église de ce nom à Limoges, Ahun, Toulx-Sainte-Croix, Brive. Le duc Etienne donna-t-il Chambon à Saint-Martial? Saint-Augustin fondé par saint Martial (1).

II. — Saint Aurélien, mort le 10 mai; ses reliques sont dans la chapelle de son nom, à Limoges.

III. — Eoulus, ou Emilius, Evolius. Sainte Ferréole.

IV. — Atticus, Atricius, Astricius.

V. — Emerinus, ou Eamenus, Hermogenianus.

VI. — Adelphius Ier du nom, 253. Sainte Fortunade : *V.* à ce mot.

VII. — Dativus.

VIII. — Adelphius IIe du nom.

IX. — Exuperius. — Saint Front de Périgueux, à Nogent? 395, table Théodosienne ou de Peutinger : on croit qu'elle fut dressée sous l'empire de Théodose : Ahun, Chassenon, Courbefy, Feix, Prætorium, Limoges, indiqués dans ce document : *V.* à ces mots. Vers l'an 407, saint Martin, martyrisé à Brive le 9 août; saint Sylvain, martyrisé à Ahun le 16 octobre; saint Adorateur, le 14 novembre.

X. — Astidius, peut-être cet évêque de Limoges que Évarix, roi des Visigoths, chassa ou fit égorger vers l'an 473. — *Amenius*, en 453, *est inconnu*.

XI. — Saint Rurice Ier du nom, élu vers 484, mourut vers l'an 507; ses reliques sont à Saint-Augustin-lez-Limoges; a laissé des lettres où il est parlé de Brive et d'Uzerche, de Florentius, Verus, Hispanus, Albiniac. — *Pierre, évêque du Palais en 506, ne pouvait l'être de Limoges.* — *Cuthbert, évêque de Limoges vers l'an 790, dans le roman de saint Phalier, pèlerin.* — Saint Amand, solitaire, meurt vers l'an 500. Aleyrac, entre 484 et 507. Saint Rurice fait bâtir une église à saint Augustin. Brive. Fondation du Dorat, 498. Biens donnés à Saint-Pierre-le-Vif de Sens en 500. Dun-le-Palleteau, l'an 506

XII. — Saint Sacerdos, du consentement du grand Clovis, mort en 511 : le prélat mourut le 5 mai; ses reliques sont dans la cathé-drale de Sarlat. Saint Dominius, en 527. Saint Léobon, l'an 529. Saint-Paul, à Limoges. Saint Victurnien.

XIII. — Saint Rurice IIe du nom, l'an 535 et 549; ses reliques sont à Saint-Junien : ou Aggericus ou Agerius. Dalut Marien meurt vers l'an 513, à Eotraigues. Vers 540, mort de saint Junien. Saint Rurice lui fait bâtir une église; il fait bâtir l'église de Saint-Pierre-du-Queyroix. Bantaredus, son archidiacre, au concile d'Orléans, l'an 549. — *Agresstius fut-il évêque à Turenne?* — 556, Saint-Georges-de-Nigremont.

XIV. — Exotius siégea quinze ans. Saint Léonard meurt vers l'an 559. Il bâtit Notre-Dame-de-l'Oratoire-sous-les-Arbres. 559, armée de sauterelles à Romazières. 564, saint Yrieix donne plusieurs églises à Vigeois; bâtit une chapelle à La Rochette; fonde son monastère; fait bâtir l'église de La Noaille. Saint-Michel-de-Pistorie. Saint-Julien. Genouillac. Saint-Hilaire. 572, testament de saint Yrieix : Charnaillas; Saint-Michel-de-Pistorie; Naves; Espartignac; Chamboulive; Beissac; Saint-Paul.

XV. — Saint Ferréol, 579; mort le 18 septembre vers 597; ses reliques sont dans l'église de Nexon. Jocundus et Pélagie font bâtir le monastère de Saint-Paul-lez-Limoges. Église de Saint-Julien-lez-Limoges connue en ce siècle. Saint-Laurent. Monastère de Saint-Michel-de-Pistorie. 531, Saint-Yrieix. Vigeois. Saint-Victurnien. 591, Beissac.

XVI. — Asclepiodotus, mieux saint Asclèpe, mourut le 23 décembre 613; ses reliques sont à Saint-Augustin-lez-Limoges. 613, Ambazac. Saint Psalmet, vers 630.

XVII. — Saint Loup, gardien et marguillier du sépulcre de saint Martial, sacré le 12 mai 614; siégeait 637; mort le 22 mai; ses reliques sont à Saint-Michel-des-Lions de Limoges. Monastère fondé à Solignac en 637. Saint Loup donne Saint-Michel-des-Lions à Saint-Martial. Vers 618, fondation du monastère de Saint-Martin-lez-Limoges; saint Éloi lui donne le lieu de Beaune. 620, Sainte-Valérie. 627, Patri donné du monastère de Saint-Denis. 632, biens donnés à Saint-Denis. 634, biens donnés à Saint-Denis.

XVIII. — Simplicus mourut après l'an 637. 637, prétendu don de Pierrefitte, Notre-Dame de Fourneel, Saint-Georges-de-Nigremont, Champagnac, Laraud, Sauviac, à Saint-Denis en France.

XIX. — Felix, fait évêque avant 640, siégeait en 644. — *Unbert, dans une charte de 644, est supposé.* — Fondation du monastère

---

(1, Il est bien entendu qu'il s'agit d'un monastère qui fut dédié plus tard à saint Augustin, et en prit le nom. — T.

de Chaptelat et Saint-Martin-lez-Limoges. 645, Noham donné à Saint-Denis? 659, saint Éloi, évêque de Noyon.

XX. — ADELPHIUS, ou Adelphicius, Adelphicus.

XXI. — HERTGENOBERT, ou Hertenobertus, Artenobertus, vers 670. Saint Théau se retira à Bachellerie-de-Nedde. 689, saint Goussaud.

XXII. — CÆSARIUS.

XXIII. — ERMENUS, ou Ermenarius, 673. 674, église de Saint-Priest-d'Auvergne. 700, monastère établi à Guéret. Vers 700, église de Saint-Viance. Lentillac. Celon. Saint Théau, mort vers 710.

XXIV. — SALUTARIS.

XXV. — AGGERICUS.

XXVI. — AUSINDUS, ou Ausnidus, Aufundus, Aucsindus. Saint Martin des Arades meurt le 26 novembre 726. 732, saint Dominolet.

XXVII. — SAINT CESSATEUR, vers 732, mourut le 15 novembre vers 742. Saint Pardoux meurt à Guéret le 6 octobre 737.

XXVIII. — RUSTICUS, 734. Saint Viance : dans sa Vie il est parlé de Varicium, Celomus.

XXIX. — RORICUS. Sainte Karissime fonde Moutier-Roseille en 751. 767, ville de Bret.

XXX. — EBULUS ou Ebulo, abbé de Solignac. Pepin donne, dit-on, à la Règle, en 837, Bussière-Boffy, Vars, Voulons; Vignols, à la cathédrale. Saint-Michel-de-Pistorie détruit en 763. 766, Pepin donne Salagnac à la cathédrale; Saint-Vaury, aux clercs de Saint-Martial. 764, Pepin donne à Mauzac Saint-Hilaire-Château. 767, Peyrusse et la ville de Bret. 785, Roger et Euphrasie donnent Poussanges, Saint-Angel, Colonges, Nontron, à Charroux. 793, palais de Jocundiac. 794, charte pour Saint-Yrieix. 804, abbé à Saint-Martial. 811, Parsac, Larund, Noham, donnés à Saint-Denis? 814, monastère bâti à Saint-Martial.

XXXII (1). — REMIGIBERTUS, 793-817. 817, abbaye de la Règle. 818, donation de Carentenago ou Razès à la cathédrale. — 812 et 813, *Étienne supposé dans des chartes.* — 822, abbé de Mauriac envoie gouverner ses monastères du Limousin? 824, Rodulphe, comte de Turenne, donne Estivals et Chenaillers à son fils. 831, Ramnac.

XXXIII. — ALDACHAR, ou Adoacer, 831; mourut le 10 mai 843. — *Christianus,* en 835 et 840, *est supposé.* — 832, élévation du corps de saint Martial. 833, don de quelques églises à Saint-Martial : Balnac, Anzême, Champsanglard, Genouillac. 834, biens donnés. L'évêque Adoacer donne Rempnac à sa cathédrale, 831. 837, charte de Pepin pour la Règle. 832, Raterius, comte de Limoges, tué.

XXXIV. — STODILUS, ou Stolidus, 844-860; mort le 24 octobre. — *Bernard,* en 844, *est supposé.* — 844 (mieux 855), Rodulphe donne à Beaulieu. 845, reliques d'Atton, Objac. 847, les Normands détruisent Le Chalard, Saint-Maur-la-Roche, Palaginges, Uzerche. 848, monachisme introduit à Saint-Martial. Saint-Michel-de-Pistorie détruit. Saint-Junien ôté à Saint-Martial et Saint-Pierre-du-Queyroix. 849, monastère bâti à Rot. Bataille à Brillac. Église à Mont-Jauvi. 851, Donation du Petit-Magnac. 855, Royère. 856, Rodulphe cède Végennes à Beaulieu. 857, monastère bâti à Chambon. 859, Rodulphe change Nonars, en 860, pour Sionnac; fonde Beaulieu. Rodulphe donne Sionnac en 859. 859, Stodilus donne Tudeil à Beaulieu. 860, Rotrudis cède Beillac à Beaulieu. Estivals. Rodulphe donne Chenaillers à Beaulieu; Astaillac,

(1) Cette lacune et cette manière de compter existent dans le manuscrit de Nadaud. — T.

à Estivals; Beillac, à Nonars Saint-Genez. Fondation de Beaulieu. 861, Abbo, abbé de Saint-Martial. 863, Gérald donne Royère à la cathédrale.

XXXV. — ALDO ..... mourut le 7 octobre 866; repose à Saint-Martial. 864, reliques de sainte Fauste au Puy-d'Arnac et Brivezac. Cotzages vendu.

XXXVI. — GERLO ou Gerbosus ..... mourut le 12 juillet 869.

XXXVII. — ANSELME, élu en 869, mourut le 9 février 898; repose à Saint-Martial. — *Engilbertus ne peut avoir été évêque en* 883. — 871, Frotarius donne Rempnac à la cathédrale. Cotzages restitué à Beaulieu. 876, Charles le Chauve donne Ladignac à Solignac et Vigeois. Benoît, abbé de Saint-Martial. 882, Astaillac cédé à Beaulieu. 888, Daignac donné à Beaulieu. 893, Eble, abbé de Saint-Germain-des-Prés, tué à Brillac. 894, Aldoardus donne Saint-Basile à Beaulieu. Gonfondus, abbé de Saint-Martial. 896, Calstonus donne Saint-Julien à Beaulieu. 897, synode diocésain. L'évêque donne Saint-Maixent à Favars; Favars, à Beaulieu. Saint-Germain-lez-Vergnes. Cet évêque consent au don de Ferrières à Beaulieu.

XXXVIII. — TURPIO d'Aubusson ..... mourut le 25 ou le 26 juillet 944; repose à Saint-Vaury. — *Adalard, en* 910, *est supposé.* — 900, monastère de Palaginges rétabli. Aureil donné à la cathédrale. Fulbert, abbé de Saint-Martial. 905, Peyrat-le-Château restitué à Saint-Denis. 909, saint Gérald. 910, donation de Mansac. Deusde donne Mansac à la cathédrale. 914, Fieux. 920, Pierre de Corpso donne Corpso à la cathédrale. Fulbert, abbé de Saint-Martial. 925, de Solignac dépendaient Saint-Bonnet-la-Rivière (diplôme suspect), La Celle-sous-Gouzon, Chauffour, Couzours, Glandon, Saint-Hilaire-les-Courbes, Saint-Jal, Saint-Martin-Sept-Pers, Saint-Martin-de-Treignac, Nedde, Perpezac-le-Blanc, Sussac. 925, Étienne cède Venarsal à Beaulieu. 930, le vicomte Adhémar donne à Tulle Aigumont, Branceilles, Saint-Laurent-de-Gorre, Madranges, Monceaux, Neuville, La Porcherie, Seilhac. Destricié où le roi Raoul défit les Normands en 930.

Il faut se méfier des preuves que M. Baluze emploie pour établir que les seigneurs des Échelles étaient de la même maison que les vicomtes de Turenne..... Moréri, 1759. Tulle.

933, Daignac cédé à Beaulieu. 935, donation de Notre-Dame et de Saint-Hilaire-Lastours. Le monachisme fut-il introduit à Saint-Augustin? 936, Regnaud d'Aubusson donne Grand-Saigne à Tulle; Gauzbert donne Mazières à Tulle. 937, Étienne, abbé de Saint-Martial. 938, saint Libéral, évêque d'Eiobrun. 942, donation de Bénaies. Aimó, abbé de Saint-Martial.

XXXIX. — EUBALUS, ou Ebolus de Poitiers, abbé de Saint-Maixent, trésorier de Saint-Hilaire vers 944, mourut vers 944; repose à Saint-Michel-en-l'Herm. 945, abbé laïque à Eyaux, à Moutier-Roseille. Boson d'Aubusson donne La Chapelle-Espinasse à Tulle. 947, mense donnée à Saint-Martial. Ardasius, abbé de Saint-Augustin. 948, abbé de Tulle donne La Porcherie à Fulchard de Ségur. 958, Drotricus donne La Tour-Saint-Austrille à la cathédrale. Donation d'Anglar et Trégan. 962, Riberisius donne à la cathédrale. Hildegarius. 965, fondation d'Uzerche. 969, La Chapelle donnée à la cathédrale. Usurac. 974, château construit à Rancon; destruction de celui de Chambouchar. Aimeric, abbé de Saint-Martial.

XL. — HILDEGARIUS de Limoges .... mourut le 10 juin; repose à Saint-Denis en France. — *Arvœus, en* 987, *est supposé.* — Chapelles construites au château d'Aixe. 986, Arbert donne Saint-Salvadour à Uzerche. Donation de Dun. 987, monachisme à Uzerche. Fondation prétendue du Dorat. Privilège d'Hildegarius. (Baluze, *Hist. Tutel.,* col. 852.) 988, monachisme à Eymoutiers. 990, Saint-Gérald.

XLI. — HILDUIN ou Alduin, sacré en 990, mourut le 23 juin

1014; repose à Saint-Martin-lez-Limoges; fait évêque de la main, *per manum*, de Guillaume, duc d'Aquitaine. Adémar, p. 170. Ce duc et les autres grands-seigneurs du royaume commencèrent, du temps du roi Hugues-Capet, à exercer sur les évêques le pouvoir qu'avaient les rois...... *Chron. apud Martene*, T. V, *ampl. coll.*, col 1168. — *Antoynus, évêque supposé.* — 990, peut-être Perpezac-le-Noir donné à Brantôme. Abbaye de Saint-Junien dissipée. Guigo, abbé de Saint-Martial. 992, Archambauld donne Notre-Dame d'Uzerche à Uzerche. 994, érection de Mont-Jauvi. 995, siège de Bellac. 996, Roger de Laron donne Saint-Priest-les-Vergnes à Uzerche. 997, fondation du monastère d'Ahun. 998, Joffredus, abbé de Saint-Martial. 999, Bernard donne Banise à Uzerche. 1000, Renaud d'Aubusson donne La Ribière à Tulle. Arvæus donne Brigueil à Saint-Martin-lez-Limoges. La Noaille. 1001, Aureil. 1003, Saint-Pardoux-l'Ortigier. 1004, château de Bogi détruit. 1007, Adalbardus, abbé de Saint-Martial. 1009, monachisme à Saint-Vaury. 1010, moines d'Arnac cèdent Segonzac à Guy de Lastours. Balezis donné à la cathédrale. Conférence avec les juifs. 1011, monachisme détruit à Eymoutiers. 1012, évêque remet des moines à Saint-Martin; Donation de Thouron.

XLII. — GÉRALD de Limoges prend possession le 9 novembre...; meurt le 11 novembre 1022; repose à Charroux. 1014, saint Israël, prévôt de Saint-Junien. Saint-Martin. 1015, La Souterraine donnée à Saint-Martial. 1018, Ostofrancus donne la moitié de Nieul. Donation de Monteil-le-Vicomte; de La Souterraine. Joffredus, abbé de Saint-Martial. 1019, donation de Juillac. 1020, abbé de Saint-Martin vend La Monedière. La moitié de La Croisille donnée à Tulle.

XLIII. — JORDAIN DE LARON, prévôt de Saint-Léonard, élu le .... janvier 1023, meurt le 29 octobre 1051; repose à Saint-Augustin. 1025, Saint-Solve donné à Uzerche. Benayes. Hugues, abbé de Saint-Martial. Saint-Trié donné à Tourtoyrac. Puyfailli. La moitié de Clergour donné à Tulle. 1027, Boisseuil donné à la cathédrale. Accord avec le duc d'Aquitaine pour l'élection d'un évêque. 1028, donation de Royères, Saint-Dizier, Brigueil. Fondation de Segondelas. Bré donné à Vigeois. 1029, monastère d'Arnac donné et sacré. Châteauneuf. 1030, Beaumont donné à Uzerche. 1031, concile de Limoges, 1032, fondation de Lesterps Notre-Dame-de-Châteauvieux donnée à Charroux. Saint-Quentin donné à la cathédrale. 1033, Chavagnac donné à Lesterps. 1036, Sainte-Eulalie donnée à Uzerche. La Faye donnée à Uzerche. 1040, Odolric, abbé de Saint-Martial. Vers 1040, Le Compeix donné à la cathédrale. Serre. Saint-Michel. Saint-Quentin. 1048, Millevaches, Saint-Viance, donnés à Uzerche. Lestrade. 1049, du temps de cet évêque, Saint-Quentin, Saint-Michel-des-Chapelles, donnés à la cathédrale. 1051, lettre du clergé du Limousin pour le choix d'un évêque.

XLIV. — ITHIER DE CHALAS DE FRAISENJAS, élu le 4 janvier 1052; meurt le 9 juillet 1073; repose à Saint-Augustin. 1052, élection de cet évêque. Mortemar donné à la cathédrale. La Péruse donnée à Bourgueil. Saint-Pierre-le-Bost donné à la cathédrale. 1053, chanoines de Saint-Yrieix recouvrent Moutier-Roseille. 1054, Magnac-Lestrange donné au Bourg-Dieu. 1055, Saint-Pierre-le-Bosc. 1060, Mortemar donné à la cathédrale. Église de Beaumont. Prévôt de Saint-Junien. 1061, Pierre-Buffière donné à Solignac. Favars rendu à Beaulieu. Abbé d'Uzerche acquiert Aubessaignes. 1063, clunistes introduits à Saint-Martial. 1065, Saint-Pierre-du-Queyroix, monastère. Roussac et Balledent. 1067, fondation de la chapelle Saint-Robert, du Port-Dieu. 1068, fondation du prieuré de Rochechouard. Salom donné à Uzerche. Saint Gaucher se retire à Chavagnac. 1069, Saint-Junien. 1070, Moutier-Roseille cédé à Saint-Yrieix. Chapellenie de Pierre-Buffière donnée à Solignac. 1071, fondation d'Aureil. Fief presbytéral du Vigen cédé à Solignac.

1072, Ceyrac donné à Uzerche. 1073, prétendue bulle à saint Étienne de Thiern. Saint-André de Limoges, abbaye. Paroisse érigée à La Chapelle-Geneste.

XLV. — WIDO DE LARON fait évêque en 1073; mort le 24 janvier 1086; repose à Saint-Augustin. 1074, ratification de la donation de Saint-André à la cathédrale. Religieuses établies à Bostmorbaud. 1075, fondation des Salles. 1076, Ayen cédé à Solignac. 1077, Rochechouard, Saint-Germain-sur-Vienne, La Cellette, donnés à Charroux. La Combe et Brachar donnés à Vigeois 1080, Pigeyrol acquis par les moines de La Chaize-Dieu. Gore donné à Saint-Junien. Saint Étienne se retire à Muret. Saint-Pardoux. Objac rendu à la cathédrale. La moitié de Saint-Ibard, Condat, donnés à Uzerche. Fondation de Meymac, de Bénévent. Donation d'Azac. Corbier. 1081, Saint Étienne se retire à Muret. 1082, moines de Vigeois se soumettent à ceux de Saint-Martial. 1083, oratoire et hôpital bâtis à Saint-Amand près Saint-Junien. 1084, donation de Thouron Flavignac. 1085, Meymac donné à Uzerche. Donation de Vallières. Toy donné à Tulle. — Cet évêque donna l'église de Saint-Aignan-de-Versillac à Bénévent.

XLVI. — HUMBAULD HÉLIE, de Sainte-Sévère en Berry, élu en 1086, déposé en 1096. 1086, Ambazac et Chalus. Chapelle du château de Pierre-Buffière donnée à Solignac. 1087, église de Saint-Gérald détruite par le comte de Poitou. Razès donné à la cathédrale 1088, Saint-Étienne-de-Braguisa donné à Tulle. Gaufridus s'établit au Chalard le 6 janvier. 1089, église de la Sainte-Vierge bâtie à La Péruse. 1090, accord pour l'église de La Ville-Dieu. 1091, Soursac donné à Aureil. Chapelle au château de Beauvais, Auriol donné à Tulle. Monceix et Chamberet. 1093, Deveix. Monceis donné à Uzerche. 1094, dédicace de l'église de Saint-Amand. Donation de Claravaux, Cercenac, Château-Ribaires, Verun. Boucheresse. 1095, cimetière bénit au Deveix. Boussac-le-Château, La Tour-Saint-Austrille, donnés au Bourg-Dieu. Saint-Silvain-de-Montégut, Saint-Martial-de-Perusse, Saint-Hilaire-la-Treille, Saint-Georges-de-Fontanet, donnés à Bénévent. Saint-Junien-le-Château donné à Aureil. Cimetière bénit à Faux-la-Montagne. Monastère de Bort adjugé à Cluny. Solignac donné à Uzerche. Vitrac. Ceyrac. Ambazac et Chalus acquis à Saint-Augustin. 1096, Ussel permuté avec Abjac. Auge donné à l'évêque. Cercenac. Treignac donné à Uzerche; fief presbytéral de La Croix, à Saint-Martial. Quatrième partie de Brunceilles donnée à Tulle. La Croix.

XLVII. — GUILLAUME DE URIEL en Berry, prieur du monastère de Saint-Martial, élu vers 1096, empoisonné en 1100; repose à Saint-Martial. 1097, église de Bré investie à Vigeois. Chamboulive. 1098, donation de l'église de Thouron, de Mansac. La Croix. 1100, Saint-Maxime de Confolens investi à Lesterps; Sainte-Marguerite, à Lastours. Les Cars. Saint-Sauveur près Bellac. Ordre de Grandmont établi. La Porcherie donnée à Uzerche; Faux, à la cathédrale. Gorces. Galemache. Saint-Viance donné à Uzerche.

XLVIII. — PIERRE VIROALD, doyen de Bordeaux, élu en 1100, se démet en 1103 ou 1104; meurt le 18 mai. Guillaume de Carbonières, son suffragant pendant deux ans. 1101, église bâtie à Loubere. Saint-Marc-Affrongier donné à Lesterps. Burgnac donné à Aureil. 1102, Comborn. 1103, Orgnac donné à Vigeois. Saint-Victe. Saint-Paul de Turenne. 1104, église bâtie à Saint-Lazare. Église du château de Pierre-Buffière donnée à Solignac. Tombeaux découverts. Rilhac. Gérald, abbé de Saint-Augustin; son successeur élu. 1105, Saint-Jean près Saint-Martial, Saint-Genest, à Limoges, incendiés. Saint-Maurice. Sainte-Félicité. Saint-Domnolet. Moitié de l'église de Saint-Bonnet donnée à Solignac.

XLIX. — EUSTORGE, peut-être de la maison d'Escoraille, 1106, meurt le 29 novembre, ou le 3 décembre; ou le 10 suivant la chro-

CHRONOLOGIE

nique d'Étienne Maleu, repose à Saint-Augustin. — *Ramnulphe de Nieul, évêque schismatique*, 1137, abbé du Dorat, inhumé à Beuil. — 1106, Roussac. Règle de Fontevraud établie à Bouhon. Viam adjugé à Tulle. Fondation de L'Artige. 1107, Gartempe, Saint-Hilaire-les-Combes, Treignac, Chamberet, Soudaine, donnés à Uzerche. 1108, cession de l'église de Beissac. Gondre donné à Uzerche; Anzême, à Saint-Martial. 1109, donation de Saint-Martin-de-Chargnac. 1110, la moitié de Monterollet donné à Saint-Junien. Objac. Guy, abbé de Saint-Augustin. Bersac donné à Aureil. Chamboulive. Chaillac. Rilhac acquis à Saint-Augustin. 1111, Espartignac cédé à Vigeois. 1112. Blessac donné à Fontevraud. 1113, donation de Mansac. 1114, fondation de Dalon. Adémar, abbé de Saint-Martial. 1115, Chatain donné au Port-Dieu. Amblard, élu abbé de Saint-Martial. 1116, Treignac. Bulle pour les bénéfices dépendants de la cathédrale. Manzanes cédé à Ventadour. 1118, Vitrac, Aubesaigne, donnés à Uzerche. Liourdre cédé à Beaulieu 1119, Pont-Chaulet. 1120, Courbefy. Saint-Nicolas, maisons de l'institut de Géraud de Salis. 1121, fondation de Bonlieu. 1123, fondation de Beuil. Saint-Christophe donné à Lesterps. 1124, saint Étienne meurt à Muret. 1125, Gaufridus meurt au Chalard. 1126, Objat. Magnac. 1127, Rancon, La Clavière, donnés à la cathédrale. 1128, Montégut-le-Noir donné à Ligueux 1130. Cheyssou donné à Saint-Léonard. Chervix. Faye. Gérald, abbé de Saint-Martin. Chalucet bâti en 1131. 1134, Raynold, abbé de Saint-Martin. 1135, Saint Bernard, à Saint-Germain-sur-Vienne. 1137, monastère bâti à Château-hors-Chervix. La Faye. Abbé et successeur à Saint-Augustin. 1138, Chalucet.

L. — Gérald Hector de Cher, doyen de Saint-Yrieix, élu en 1137, neveu du précédent, meurt le 7 octobre 1177; repose à Saint-Augustin. 1138, donation de l'église de Fongaland. 1140, fondation de Prébenoit. Mort de Gaucher. Le Châtenet donné à Saint-Léonard. Saint-Victe donné à Uzerche. La Bretagne. Salon Obazine uni à Citeaux 1141, changement fait à Beaulieu : le couvent et abbé intropisés. 1143, fondation de Coyroux. Forêt de la Bretagne donnée à Saint-Junien. Amblard, abbé de Saint-Martial; son successeur élu. 1143, Mortemar en commun à la cathédrale et au Dorat. Fondation de La Cellette. Saint-Sanctin. 1145, Gondre. Étricor. 1146, fondation de La Colombe. 1148, Domerot donné à Évaux. 1149, Javerdac, Monterollet, donnés à Saint-Junien; la moitié de l'église de Saint-Auvent. Fondation d'Aubepierre. Acquisition de Moutier-Ferrier, des chapelles d'Aixe, d'Usurac. 1150, Saint-Cyr-sur-Gorre, Saint-Brice en partie, donnés à Saint-Junien. Donation de Saint-Martin-Château, des chapelles d'Aixe, de Lastours, Moutier-Ferrier. 1154, abbé à Saint-Gérald. Bulle pour Les Salles. Monachisme à Saint-Léonard. 1156, Saint-André cédé à Bénévent. Albert de Courcillas, abbé de Saint-Martial; son successeur élu. 1157, celles fondées à Loubere, Bonneval, Serre. Étricor. Bulle pour Les Salles Saint-André donné à Bénévent. Hugues de La Certa meurt à Plaigne. Moines à Saint-Exupéry Fondation de Bonnaigue. 1160, prieur de Bénévent. Pierre de Pétiviers, abbé de Saint-Martial. Recluses à Daignac. Accord pour l'église d'Uzurac. Église bâtie à Sainte-Valérie. Prieuré de Laurière. 1161, Lentillac donné à Uzerche. Pierre le Gros élu abbé de Saint-Martial. 1162, bulle pour Saint-Junien. Moitié de Bonac donnée à Pierre del Barri, élu abbé de Saint-Martial. Chaillac donné à Saint-Junien. Fondation du Palais 1163, ermites chassés de La Mazelle. Cimetière à Saigne-Moussouse. Auzance donné à Évaux. 1164, don des églises de Gimel au vicomte de Turenne. Tudeil donné à Beaulieu. 1165, Combrosol donné à Bonnesaigne. Fondation de L'Artige-Grande. 1169, Balledent donné à Aureil. 1170, Saint-Clément 1172, Fondation de Bronzeau, 1174; chapellenie dans le château du Dorat. Pierre del Barri, abbé de Saint-Martial; son successeur élu. 1175, Objat donné à la cathédrale. 1177. Saint-Priest-les-Olières donné à la cathédrale. Donation de Bonnac. Chastaing donné à Évaux. La Geneytouse donnée à Aureil.

LI. — Sebrand Chabot, archidiacre de Thouars, élu le 11 février 1178, meurt le 31 mars 1198; repose à Saint-Augustin; donne aux templiers l'église de Rimondes. 1178, bulle suspecte pour Uzerche. 1179, églises de Rochechouard. 1180, abbaye des Allois. Pitancier à Saint-Martial. Vicairie. Arx. 1182, fondation d'Aultevaux. Glénic. 1183, bulle du 1er février, qui mentionne les églises dépendantes de Saint-Gérald de Limoges : Le Palais, Chevia, Cleda, Montania, la chapelle de Pradina, l'église de Vernaclausa. R de Banac, abbé de Saint-Augustin. 1185, donation de Bussière-Dunoise. 1186, chapelle bâtie au cimetière de Saint-Martial. 1187, sacre du cimetière de Puybonieu: 1189, don de l'église de Tarn 1190, chapelle bâtie au palais épiscopal de Saint-Junien. 1191, Eybouleuf, Moissannes, donnés à Saint-Léonard 1193, transaction pour Bonnac. 1195, transaction pour Le Puy-Dieu. Chapelle à Beuver. Saint-Amand-Jartoudeix reconnu à Aureil. 1196, cession de droits sur la moitié de la cure du Vigen 1197, Reymondeix donné aux templiers. Sacristie de Saint-Martial désunie de la prévôté de Feix. 1198, Isembert Escoblart, abbé de Saint-Martial; son successeur élu.

LII. — Jean de Veyrac, prévôt du chapitre de Saint-Junien, élu..... 1198; meurt, le 9 décembre 1218, à Accon ou Acre en Syrie, où il repose. 1200, chapelle au château de Beuver. Vicairies de Saint-Martial. Léproseries. 1202, prieuré érigé à Tarn. 1203, Guillaume, abbé de Saint-Martin 1204, translation des reliques de saint Germain, patriarche de Constantinople, à Bort. 1205, fondation de Trezens. Religieuses d'Uzurac se donnent à Saint-Martial 1208, Robert, doyen de la cathédrale. 1210, fondation d'Étricor. 1211, le 1er avril, indiction 14, bénéfices dépendants de Charroux. Hôpital de Saint-Martial. 1212, le pape Innocent III confirme à l'abbaye du Bourg-Dieu les bénéfices en dépendants. 1215, G. Robert, doyen de la cathédrale. Saint-Just. Bernard. 1217, fondation de Glandiers. Église du Palais aux frères de la milice du Temple.

LIII. — Bernard de Savène, curé de Saint-Hilaire-Bonneval, élu ..... 1219, tué au siège d'Avignon le 13 juillet 1226; repose à L'Artige en Limousin. — *Albéric Cornut refusa l'évêché de Limoges; meurt évêque de Chartres en 1243.* — 1214, Pierre La Girsa, élu abbé de Saint-Martial. Abbés à Saint-Augustin. 1215, abbés de Saint-Martin. Corps de saint Just. 1216, Pierre de Naillac, élu abbé de Saint-Martial. 1218, Hugues de Brosse, abbé de Saint-Martial. 1219, frères prêcheurs viennent à Limoges. Pierre de Veyrac, prévôt de Saint-Junien. 1220, vicairie fondée à Bonnesaigne P. de Noaillac, abbé de Saint-Martial; Guillaume de Jaunac, son successeur élu. 1221, bulle qui fixe les canonicats de la cathédrale à 25. 1223, Aigueperse. 1224, frères mineurs établis à Limoges. Prieuré établi à La Croix. Oratoire bâti à Balezi. 1225, cure de Gentioux. 1226, Albéric Cornut refuse l'évêché. Guillaume de Jaunac, élu abbé de Saint-Martial. Gérald de Montcocu, prévôt de Saint-Junien. Aycelin, doyen de la cathédrale.

LIV. — Guy de Clausel, curé de Nieul, archidiacre, chantre de Bourges, doyen de Saint-Yrieix, élu le ... octobre 1226; meurt le 26 janvier 1235; repose à Saint-Martial. 1227, frères mineurs établis à Brive Chanoines de Saint-Junien cèdent leur droit sur la communauté des Salles Oratoire de Saint-Antoine-de-Padoue à Brive Frères mineurs établis à Donzepac. 1229, hôpital établi près du pont Saint-Martial, à Limoges. État des moines de Saint-Martial et de ses dépendances. Chute du château de Razés. 1230, léproserie. 1232, Agnès de Lastours, abbesse de la Règle. 1233, Hugues, abbé de Beaulieu.

LV. — GUILLAUME DU PUY, chanoine d'Angoulême, élu le ... février 1235; meurt, avant son sacre, le 21 février 1236. 1235, Bernard, abbé de Saint-Martin.

LVI. — DURAND D'ORLHAC, archidiacre, prévôt de Saint-Junien, élu, le ..... 1226, par une partie des curés; confirmé en 1210; meurt au château d'Isle le 30 décembre 1245; repose chez les frères prêcheurs de Limoges. 1236, vicairie fondée à la cathédrale par Guy Barbarot. 1237, frères prêcheurs transférés où ils sont à Limoges. 1238, Arnaud, doyen de la cathédrale. 1241, mort d'Aimeric Palmuts. 1242, urbanistes fondées à Brive. Bré démoli. 1243, cordeliers de Limoges. Relhac. Trouvaille à Saint-Martin. 1244, permission de bâtir une chapelle à Cramaud. Arnaud, doyen de la cathédrale. Gérard Robert, doyen de la cathédrale. Raymond Gaucelin, abbé de Saint-Martial, chapelain du pape; son successeur élu.

LVII. — AIMERIC DE SERRE DE MALEMORT, archidiacre, prévôt de Saint-Junien, élu unanimement le ... février 1216; meurt le 2 juillet 1272; repose à la cathédrale; confirmé par l'archevêque de Bourges, qui supplia le roi de faire assigner librement *regalia* à l'élu, prêt à lui faire le serment de fidélité, le samedi *invocavit me*, 1245. 1246, vicairie fondée à la cathédrale par cet évêque. 1247, mort de Guillaume de Maumont, archidiacre, abbé de Saint-Martin. 1250, Saint-André donné à Bénévent. 1252, frères mineurs établis à Saint-Junien. Germaine du Breuil, abbesse de La Règle. 1254, chapelle bâtie à Cramaud [???], prébendes d'Eymoutiers réduites à 16. 1258, patronage de Condat donné au chantre. 1259, vicairie fondée à Donzenac. 1260, vicairie à la cathédrale par Grégoire de La Chassagne. Chapelle des Arènes. Carmes établis à Limoges. 1251, frères prêcheurs établis à Brive. Vicairie de Guillaume Fabri. Guillaume de Mareuil élu abbé de Saint-Martial. 1262, messe quotidienne par Séguin de Pompadour. Chapelle à Saint-Junien. 1263, vicairie à Saint-Junien par Pierre d'Orlhac. Carmes. 1264, G. Fabri, abbé de Saint-Augustin. 1265, vicairie à Brive par Aimeric de Sadran. Mort de Pierre de Bénévent, prévôt de Saint-Junien. 1266, vicairie à Saint-Martial. 1267, réduction des prébendes de Moutier-Roseille. Chambon-Sainte-Valérie. 1268, Hélie Duret, doyen de la cathédrale. 1270, Saint-Just. 1271, vicairie à Saint-Junien par Jean Guerrerit. Union des Palisses au doyenné de la cathédrale. Saint-Sulpice-Laurière à Saint-Martial. Foudres. Saint-Michel-Laurière, Saint-Just, cédés à la cathédrale. 1272, Rosiers cédé à la cathédrale. Guillaume de Mareuil, abbé de Saint-Martial; son successeur élu. Agnez de Serre, abbesse de la Règle. Simon de Rochechouard, doyen de Bourges et chanoine de Limoges, fait archidiacre de Bordeaux en 1205. Clément de Saint-Hilaire, chanoine de Limoges, mourut en 1274. 1273, vicairie par Julien Taynes, à Saint-Junien. 1274, vicairie par Pierre Astays, à Saint-Léonard. Balland, chanoine. 1275, Bellegarde du ressort de l'Auvergne. Vicairie de Guillaume de Meymac.

LVIII. — GILBERT DE MALEMORT, archidiacre, élu le 16 décembre 1275, meurt le 9 juin 1294; repose à la cathédrale. 1236, vicairie à Saint-Martin-Terressus, par Pierre du Puy. Jacques de Calaur, abbé de Saint-Martial; son successeur élu. Vicairie à la cathédrale par cet évêque. Sibille, abbesse de la Règle. 1277, mort de G., curé de Salagnac et chanoine. 1278, sacre de l'autel de *Albis Petris*. Lombards. 1279, échange de la cure de Saint-Jean, etc. 1280, curé du sépulcre de la cathédrale unie Chapelle du Chambon à Troche. 1281, chapelles rebâties au cimetière de Saint-Junien, à La Croix-de-Mazeyrat, au bourg de Salagnac. Union des prieurés de Vallières, Claravaux et La Croix. 1282, vicairies à Saint-Junien par Gilbert de Cozet, de Gérald, de Pomier. Églises des templiers. 1284, oratoire à Brousse. 1285, autel sacré à Obazine. 1286, mort d'Alboin, prévôt de Saint-Junien. 1288,

archiprêtrés unis à des cures : Lupersac à Combrailles; Néoux à Aubusson; Saint-Sulpice-le-Guérétois à Anzême; Saint-Paul à Saint-Paul; Monceaux à Brivezac. 1289, Masléon commencé. Cures de Malte. 1290, ermites de Saint-Augustin établis à Limoges. 1291, Saint-Augustin donné à la cathédrale. 1292, vicairie à La Chapelle-Taillefer par Pierre de La Chapelle. Seilhac donné à la cathédrale. Transaction pour Masléon. 1293, vicairie à Saint-Junien par Pierre Martial. Division de la sacristie de Saint-Martial : sous-chambrerie y érigée. Roger Maurel. 1294, le chapitre de la cathédrale présente requête au roi pour élire un évêque. 1295, Gaucelin de Pierre-Buffière, doyen de la cathédrale.

LIX. — REGNAULD DE LA PORTE, archidiacre de Combrailles, chapelain du pape, élu le 15 novembre 1294, prit possession le 24 juillet 1295; fut transféré, le 31 décembre 1316, à Bourges, puis cardinal; mourut le 12 septembre 1325; repose à la cathédrale de Limoges. 1295, fondation d'une vicairie par cet évêque. Patronage de Saint-Pardoux près Razés donné à la cathédrale. Chapitre général à Grandmont qui fixe le nombre des frères de chaque celle. 1296, abbés de Saint-Martial. Séreilhac uni. 1297, union de Séreilhac au doyenné, et désunion de Royère et de La Roche-l'Abeille. 1298, vicairie fondée à Saint-Junien par Bernard de Auriac. Abbé de Saint-Martial, de Saint-Martin. 1299, union de La Courtine. 1300, vicairie fondée à Saint-Basile par Jordain, prévôt. Masléon érigé en succursale. 1302, vicairies fondées au Dorat, à Guéret, Ahun, Aubusson, Juillac. 1307, vicairie fondée à Meymac pour Pierre et Hugues Adémar, abbés. 1308, Peyrabout, Pestilhac, soumis à Maisonnisses. Lombarteix, Fenils, Le Mas-d'Artige, Le Varbaud, Comps, Fontgoland, soumis à Feniers. 1310, frères prêcheurs établis à Saint-Junien. 1311, vicairie de Pierre Roderii. Fondation du chapitre de La Chapelle-Taillefer. 1312, prieuré de Saint-Oradour-de-Chirouse uni à Meymac. 1313, vicairie d'Hélie Baye. Jordain de Montcocu, prévôt de Saint-Junien. Vicairie à Saint-Martial. Transaction pour les archiprêtres. 1314, vicairie fondée à Boussac par Pierre de Bresse. Vicairie fondée à Solignac par Archambaud, abbé. Transaction pour Le Mas-Saint-Paul. 1316, hôpital bâti à Saint-Laurent-de-Gorre.

LX. — GÉRALD ROGER, sacré le 13 février 1317, mourut à Avignon le 7 octobre 1324. 1317, érection de l'évêché de Tulle, démembré de celui de Limoges. Vicairie fondée à la cathédrale par Élie Baye. 1318, Grandmont érigé en abbaye : on y unit Étricor, Rousset, Muret, Épagne, Bronzeau, Rosset, Bonneval, Boisvert, Serre. Le Chatenet, prieuré de l'ordre de Grandmont : on y unit Malegorse, Sermur, Le Cluseau, Prouriéras. Louberc uni à La Vayolle, Jayac uni à Chavano. Badeix uni à Ravaux. Charniac, Puygibert, unis à La Faye, ordre de Grandmont. Prieuré de Château-Ponsac uni à l'abbaye de Bourg-Dieu. 1319, fondation de l'hôpital de Saint-Maurice à Limoges. 1321, Saint-Victor de Drouilles, La Chapelle-Taillefer; bâtis par les libéralités de cet évêque. 1322, vicairie fondée à La Chapelle-Taillefer par Hugues de Masnonet. 1323, vicairie fondée à Saint-Junien par Pierre Esmeno. Blon uni à l'hôpital de Mortemar. Vicairie de Hélie de Campanis. 1324, vicairies fondées à Saint-Pierre de Saint-Junien par Gérald Durat; à Treignac, par Jean Roderii Prieuré de Lignac uni au Port-Dieu.

LXI. — HÉLIE DE TALEYRAN, fils des comtes de Périgord, nommé le 10 octobre 1324; ne fut jamais sacré pour cette dignité; transféré à Auxerre en 1328; fait cardinal en 1331; mourut à Avignon le 17 janvier 1364 ou après. — *Pierre*, en 1325, *est supposé* — 1326, Chameyrac soumis à Meuzac. Saint-Basile soumis à Maumont.

LXII. — ROGER LE FORT DE TERNES, professeur en l'un et l'autre droit à Orléans, doyen de Bourges, évêque d'Orléans; fait évêque de Limoges en 1228; transféré, en 1343, à Bourges, où il mourut, à l'âge de 90 ans, le 26 mars 1367, et y repose dans la métropole. 1334, vicairie fondée à Saint-Junien par Amelius de Montcocu 1335, vicairie augmentée au château de Saint-Auvent. Fondation des chartreux, augustins, carmes et chapelains à Mortemar. 1336, vicairie fondée à Maumoussou par Jean. de Rochechouard; à Saint-Martial, par Hélie Gaufridi. 1337, l'abbé d'Issoire unit la vicairie de l'abbé Imbert à la chantrerie de Saint-Martial; Arcs, à Saint-Vaury; La Croisille, à la sous-chantrerie de Saint-Martial ; La Brosse, au prieuré d'Azac ; Rot, à la prévôté des Combes. Vicairies fondées à Milhaguet par Guillaume de Puy-Pla, par Audoin Marcheis. 1338, célestins fondés aux Ternes. Abbé de Saint-Martial; son successeur effectif élu. Prévôté de Verneuil unie à Saint-Pierre. 1339, vicairie fondée à la cathédrale par Martial Marteau. Raynaud Normondi. Cure de Saint-Étienne-de-Noblac adjugée au prieur de Saint-Léonard. 1350, vicairie fondée à Ahun par Guillaume, abbé. Abbé de Saint-Martial; son successeur élu. 1341, vicairie fondée à Saint-Maurice par Guillaume Reynau.

LXIII. — NICOLAS DE BESSE, archidiacre de Ponthieu, élu le .... septembre 1343; créé cardinal le 27 février 1343 ; meurt le 9 septembre 1369 ; repose à la cathédrale de Limoges. 1343, bénéfices.

LXIV. — GUY DE COMBORN DE TREIGNAC, 1344; 1346, transféré à Noyon. 1344, vicairie fondée à Rochechouard par Jean de Prunh. Union du prieuré de Mansac. La Bregère unie. La Courtine. 1345, Darnet uni à Bonnesaigne. Prébendes de Saint-Léonard réduites à 13. 1348, prébende annexée à l'évêché. Vicairie de Jeanne Potine. Chapelle par la même. Vicairie fondée à Voulons par Guillaume Chanene. Saint-Pierre-du-Queyroix, et chapelles près les Arènes.

LXV. — JEAN DE CROS DE CALIMAFORT, nommé par le pape, prit possession le 26 octobre 1348 ; créé cardinal le 16 juin 1371; meurt le 21 novembre 1383; repose à la métropole d'Avignon. 1349, vicairies fondées à Saint-Junien par Aimeric du Cloître. Bernard Bruny, doyen de la cathédrale, évêque du Puy, de Noyon, d'Auxerre. Vicairies fondées à Meymac par Hugues de Lentouillac, abbé. Canonicats et prébendes annexés à l'évêché. 1350, statuts de la cathédrale. 1351, vicairie fondée à Saint-Pierre-du-Queyroix. Combret, Eyhouleuf, unis au prieuré de Saint-Léonard. 1353, prieuré de Chirac uni à Meymac. 1354, vicairie de Pierre de Soubrebose. 1360, vicairie de Guill. Lamy. 1361, vicairies fondées à Saint-Pierre-du-Queyroix par Martial de Banxis ; à Saint-Léonard, par Gérald Forestarii. Abbé de Saint-Martial élu. 1362, vicairies fondées à Saint-Junien par Pierre de Vigier, Étienne de Magnac, Pierre Garnerii, Martial de Julien. 1363, vicairie au château de Lestranges. Guy de Cornil, abbé de Saint-Augustin. 1365, Magnac et Fontloup unis à Aureil. Vicairie à Saint-Martial. 1366, vicairies fondées à Saint-Maurice par Pierre de Aheuto; à Saint-Léonard, par Jacques Ségaudi. 1367, vicairie de Raymond Normandi d'Ahun. 1369, vicairie fondée par Colard de Moulin 1370, vicairies fondées à Saint-Junien par Amelius de David. Pierre Jovion, abbé de Saint-Martin. Vicairie fondée à Saint-Pierre-du-Queyroix par P. Molini La Porta. 1371, vicairie augmentée à Lageyrat par Gaucelin de Chataigners ; à Chamberet, par Durand de Boisse. Mort de Jean de Babolet, prévôt de Saint-Junien.

LXVI. — AIMERIC CHATI DE LA JACCHAT, prit possession par procureur le 3 septembre 1371; mourut dans la tour d'Isle le 8 novembre 1390; repose à la cathédrale de Limoges 1392, vicairie fondée à Saint-Pierre-du-Queyroix par Barthélemy Raynaud ; à Champmeing, par Guillaume des Moulins. Aimeric Marteau. 1373, communauté de prêtres autorisée à Saint-Michel-des-Lions. 1374, vicairie fondée à Saint-Junien par Adémar de Rochechouard.

1375, vicairie fondée par Jean de Cros à la cathédrale ; à Saint-Martial. 1376, vicairies fondées à Saint-Martial par Guillaume d'Aigrefeuille, Guillaume Masteu. Vicairie fondée à Saint-Léonard par Pierre Georgii; augmentée à Nedde par Pierre Georgii. 1377, vicairie fondée à Chargnac par Catherine des Moulins; à Saint-Michel-des-Lions, par Michel Corbaffi. 1378, La Baconie unie à Saint-Jean. Vicairie d'Étienne Ruaud. 1380, Pierre Richer, prieur de Saint-Gérald. 1381, prébendes de Saint-Léonard réduites à 10. 1382, vicairie de Nicolas de Besse. 1384, fondation du chapitre de Saint-Germain ; cure du bourg unie. Vicairie fondée à Saint-Martial par Guillaume de Charnac. Abbé de Saint-Martial et son successeur. 1385, vicairies fondées à Donzenac par Pierre de Monterac ; à Saint-Augustin, par Roger de Saint-Avit. 1387, vicairies fondées à Saint-Martial par Pierre Sapientis; à Saint-Pierre-du-Queyroix, par Jeanne Boze ; à Saint-Maurice, à Tarn, par Hélie de Bellagier. 1388, vicairies fondées à Saint-Martial, à Saint-Gérald, à Saint-Pierre-du-Queyroix, par Pierre Marteau. 1389, reconnaissance de la soumission de l'évêque de Limoges à l'archevêque de Bourges. 1390, vicairie de Paul Audier.

LXVII. — BERNARD DE BONNEVAL, évêque de Rimini, Spolette, Bologne, Nîmes, prit possession de Limoges le 27 janvier 1390 vieux style ; mourut à Isle le 21 novembre 1403; repose à la cathédrale. 1392, vicairie fondée à Saint-Léonard par Jean Daulery. 1393, vicairies fondées dans l'église et au cimetière de Bessines, à Egletons, par Jean Bonjour. 1394, vicairie fondée à Mortemar par Aimeric de Rochechouard. Bulle d'exemption pour la cathédrale. Chapelle du Pont. 1396, frères mineurs établis à Boisféru. 1400, vicairie fondée à Biennac par Jean de Rosiers. Couvent de cordeliers à Limoges, Saint-Junien, Noutron, Donzenac, Brive. 1402, vicairies fondées à Saint-Pierre-du-Queyroix par Catherine Molina ; à Saint-Michel-des-Lions, par Martial Bardin; à Saint-Vaury, par Jean de Rancon ; à Maussac, par Pierre de Maussac. — 1402, 6 décembre, Gaufridus de Pérusse élu évêque. — Vicairies fondées à Lesterps par Jean Talary ; à Bessines, à Saint-Léonard, par Droyn de Jaubert ; à Neuvic, à Saint-Merd, par Hélie de Mesclajeu.

LXVIII. — HUGUES DE MAGNAC, moine de Saint-Martial de Limoges, abbé de Rebaix, évêque de Saint-Flour, président à la cour des aides de Paris, nommé par le pape, prit possession par procureur le 2 avril 1404 ; mourut à Paris le 3 novembre 1412 ; inhumé le 16 à Saint-Martial de Limoges. 1404, vicairies fondées à Saint-Pierre-du-Queyroix par Martial Chadaret, Marite Jalouse. 1405, vicairies fondées à Saint-Pierre-du-Queyroix par Martial Julien; à Biennac, par Simon de Cramand; augmentée à Saint-Rémy près La Courtine par Guillaume de Saint-Aignan. 1406, Maussac donnée à Bonnesaigne. 1410, vicairie fondée à Tarn par Pierre Lascure ; à Saint-Pierre, par Michel-Nicolas Saleis. 1411, vicairies fondées à Saint-Michel-des-Lions par Jean Pommeirat; augmentée à Notre-Dame-du-Puy par Hélie Chabessade.

LXIX. — RAMULPHE OU RAIMOND DE PÉRUSSE, licencié en droit, archidiacre de Tours, conseiller au conseil privé, élu le 12 novembre 1412; confirmé en 1417; fait évêque de Mende vers 1426

LXIX bis. — HUGUES DE ROFFIGNAC, bénédictin, nommé par le pape, prit possession le 18 octobre 1418; fait évêque de Rieux en Languedoc en 1427.

LXIX ter. — NICOLAS VIEAUD OU VEAU, conseiller du duc de Berry, nommé par le pape, fut reconnu par quelques-uns le 17 octobre 1414 ; était mort en 1416. — Pas un de ces évêques paisible possesseur (1). — 1413, vicairie fondée à Ussel par Jean Chauderg.

(1) Nadaud ne se prononce pas entre ces divers compétiteurs : nous avons dû respecter son indécision. — T.

1414, vicairie fondée à Lupersac par Pierre de Monteil. Jeanne de Rochechouard, abbesse de la Règle. 1415, chapitre de Saint-Junien succède aux chartreux de Mortemar. 1416, vicairies fondées à Saint-Pierre-du-Queyroix par Jean Benoît; à Égletons, par Marie Malengue. 1417, vicairies augmentées à Saint-Angel par Garin de Neuvic; à Saint-Pierre-du-Queyroix. 1419, évêque s'oppose pour l'église de Saint-Étienne de Bort. Vicairie fondée à Saint-Pierre-du-Queyroix par Martial de Julien. 1420, Boissieux cédé par l'abbé de Saint-Augustin à ses moines. 1423, vicairies fondées à Saint-Pierre-du-Queyroix par Jean Barelier; à Beaumont de Felletin, par Jean Feydelli. Chanoines de Saint-Yrieix réduits à douze. 1424, vicairie augmentée à Saint-Pierre-du-Queyroix par Marie de Chambaret; fondée à Saint-Léonard par Gérald Daniel, 24 juillet. 1426, vicairie augmentée à Saint-Rémy de La Courtine par Jean de La Chassagne. Union de la grande custodie. Trigand uni à L'Abeille.

LXX. — PIERRE DE MONTBRUN, moine bénédictin, abbé de Saint-Augustin-lez-Limoges, nommé par le pape Martin V, du consentement du roi, prêta le serment à la cathédrale le 17 avril 1427; mourut le 19 février 1456 vieux style; repose à la cathédrale. 1427, vicairie augmentée à Saint-Pierre-du-Queyroix par Jacques Bastier. Isabelle d'Amboise, abbesse de la Règle. Vicairie fondée à Neuvic par Pierre de Ligonnat. 1428, communauté des prêtres de Saint-Pierre-du-Queyroix approuvée. Vicairie fondée à Saint-Germain-le-Lièvre par Pierre de Lascoulx. 1429, Menoire uni à Bonnesaignes. 1430, vicairie à Moussac unie à la cure. 1431, vicairie fondée à Saint-Pierre-du-Queyroix par Jeanne de Sandelles. 1432, vicairie fondée à Saint-Pierre-du-Queyroix par Guillaume Disnemandi. 1433, vicairie fondée à Linards par Aimeric de Guain. Chapelle de Notre-Dame de Beaulieu en ruine. Vicairie fondée à Saint-Germain de Masseret par noble Pierre La Pluou. 1434, communauté de prêtres érigée à Chambon-Sainte-Valérie. 1435, vicairies fondées à Bellac par Pierre Vachon; à Ussel, par Jacques Marles. 1436, Les Hautes-Mesures, Montégut-le-Noir, unis à Ligueux. Vicairie fondée à Saint-Exupéry par Brunissende d'Ussel. Communauté de prêtres établie à Ahun. 1438, vicairies fondées à Saint-Exupéry, Saint-Frigeon, Ligignac, Neuvic, Égletons, par Jean Peyssarie; à Meymac, par Jacques de Jamme. 1439, projet d'union de Saint-Brice au chapitre de Saint-Junien. Vicairie érigée à Saint-Exupéry par Jean d'Ussel. 1441, vicairie augmentée à Meymac par Isabelle de Vendac, comtesse de Ventadour. 1442, vicairie fondée à Saint-Exupéry par Charles de Ventadour. Collège de prêtres séculiers fondé à Sainte-Marie-la-Claire. 1443, vicairie fondée à la Règle par Catherine de Comborn. Roche-Malvaleze unie à Aureil. 1444, vicairie augmentée à Meymac par Jean de Sougières. Jean de Peizac. Vicairie fondée à Gimel par Pierre Botivi. 1445, vicairie fondée à Saint-Pierre-du-Queyroix par Hugues de Video. Ordonné de bâtir Lourdoueix-Saint-Michel et Linards-le-Pauvre. 1446, vicairie fondée à Sainte-Marie-la-Panouse par Jean Lieyre. Guillaume Lermite, prévôt de Saint-Junien, abbé du Dorat. Pierre de Versailles, ancien abbé de Saint-Martial, évêque de Meaux. Vicairie fondée à Ventadour par Charles de Ventadour. Cure de Saint-Étienne de Noblac unie à Saint-Léonard. 1447, vicairie fondée à Saint-Pierre-du-Queyroix par Jacques du Tertre. Vicairie à Saint-Exupéry fondée par Charles de Ventadour. 1448, vicairie fondée au Dorat par Galand de Saint-Savin. Frères mineurs établis à La Cellette. Vicairie fondée à La Chapelle-Espinasse par Jacques de La Broa. 1449, chapelle de Saint-Fiacre à Paulhac. 1450, vicairies fondées à Bellac par Guillaume Charron. Jean Richonis, doyen de la cathédrale. Vicairie fondée à Oradour-Saint-Genest par Jean Seychaud; à Tarn, par Jean Peytavino. 1451, Notre-Dame-du-Pont de Saint-Junien agrandie. 1452, chapelle bâtie au Bois-Lamy. Vicairie fondée à Tarn par Martial Vignaud. 1453, vicairie augmentée à Ambrugeac par Marguerite de Sainte-Hippolyte. 1454, vicairie fondée à Cornil par Raymond de La Chapoulie. 1455, vicairie augmentée à Saint-Junien par Pierre Javerlhac; fondée aux Cars par Gautier de Pérusse. 1456, vicairies fondées à Bellac par Jean Père; à Lubersac, par Barthélemy de Beaune; à Juillac, à Ségur, par Gautier de Pérusse; à Saint-Exupéry, par Jean d'Ussel. Chapelle de Sainte-Catherine bâtie aux Cars. 1457, vicairie fondée à Saint-Martial par cet évêque.

LXXI. — JEAN BARTON, né à Guéret en 1417, doyen de la cathédrale, abbé du Dorat, conseiller au parlement de Paris, président des enquêtes, élu le 1er avril 1457; résigna au suivant le 4 février 1484; archevêque de Nazareth; mourut le 3 mai 1497; repose à la cathédrale de Limoges (1). 1457, vicairie fondée à Bellac par Martial du Noyer. Guillaume Furez à Saint-Martial. 1458, ordonné de rebâtir Saint-Gervais, Saint-Cyr-sur-Gorre, Chaillac, Saint-Priest-les-Vergnes. Vicairie fondée à La Jonchère par Pierre Boudeti. 1459, chapelains institués à Turenne. Ermite à Saint-Amand. Prébende supprimée à la cathédrale. Vicairie fondée à Tarn par Catherine Gueytou. 1460, vicairie augmentée à Bellac par François de Combarel. Catherine de Comborn, abbesse de la Règle. 1461, vicairies fondées à Bénévent par Pierre Foucaud; à Meymac, par Jean Barbon; à Meymac, par Agnès de Separel; au Puy-d'Arnac, par Étienne Solabel. 1462, prébende unie à la chantrerie de la cathédrale. Vicairie fondée à Bourganeuf par Pierre de Grandrieu. 1463, vicairie fondée à Sainte-Marie-la-Claire par Louis de Pierrebunière. 1464, statuts des prêtres de Bellac. Transaction pour Ségur. Vicairie fondée à Saint-Léonard par Pierre Gay. 1465, vicairie fondée à Saint-Junien par Jean Singareau. Louis IX à Saint-Junien. Vicairies fondées à La Tourette, à Felletin, par Jean Malengue; à Ussel, par Guillaume Esparvier; à Linards, par Jacques de Agiamonte. 1467, vicairie fondée à Peyrat par Pierre du Clop. Nicolas Pestorelli. 1468, vicairie de Pierre Chinchaudi à Faux. 1469, vicairie à Saint-Blaise de Solignac. 1470, vicairie fondée à Sainte-Ferréole par Antoine de Domo Jean Hugon, abbé de Saint-Augustin. 1471, chapelle de Saint-Aurélien bâtie à Limoges. Vicairie de Saint-Jean-de-la-Garde de Verneuil. Beynac uni au Chalard. 1472, vicairie fondée à Saint-Martial par Paule Beneiche. Étienne Fabri, prévôt de Saint-Junien. Vicairie fondée à Tarn par Catherine Borrinet. 1473, vicairie fondée à la Règle par Catherine d'Aubusson. Catherine d'Aubusson, abbesse de la Règle. Vicairie fondée à La Souterraine par Vincent de Savigunac. Vicairie fondée à Tarn par Marguerite de Chauvigny; augmentée à Chalus par Isabelle de La Tour Saint-Jean de Peschadoire uni à Bonnesaigne. 1474, ordonné de rebâtir Daignac, Larche, Saint-Hilaire-Taurieux, Notre-Dame de Beaulieu. Vicairie fondée à la cathédrale par Jean de Beyssac. 1475, prébendes d'Eymoutiers réduites à quinze. Vicairie augmentée à Thouron par Jean Faulcon Désunion de Beynac. 1477, archidiaconés de la cathédrale supprimés. Union de la cure de Malemort. Prébendes réduites à seize, diaconat et sous-diaconat érigés, cure fondée par un chanoine, margueillerie érigée, à Saint-Junien. Vicairies fondées à Chassenom par Jean Chalard; au Dorat, par Jean Dunet. 1478, église de Neuville transférée. Vicairies fondées à Saint-Junien par Jean Singareau; à La Chapelle-Espinasse, par Pierre de Casali. 1481, ordonné de rebâtir Saint-Pierre de Chabanais. Marguerite d'Aubusson, abbesse de la Règle et Varaigne.

(1) Ce prélat a été enseveli dans un caveau creusé au centre du chœur de la cathédrale de Limoges. En 1832 et 1856, nous avons eu l'occasion d'y pénétrer. Sa croix archiépiscopale, en cuivre doré, est debout au fond de la crypte, et sur la traverse se lit cette inscription : JOHANNES BARTONIS ARCHIEPISCOPUS NAZARENUS (sic), ANTEA EPISCOPUS LEMOVICENSIS. Le corps du prélat était revêtu des ornements pontificaux; sa stature était très-petite, à en juger par l'exiguïté de ses sandales. — T.

Permis au curé de Diennac de faire les fonctions dans l'église de Rochechouard. Communauté de prêtres fondée à Royères. Vicairie fondée à Saint-Martin-la-Méanne par Jean de Gimazania. 1482, chapelle érigée au cimetière de Saint-Brice par Joffre de Rosiers. Union d'une grande-vicairie à Saint-Jean. Louis de Comborn, successeur élu. Vicairies fondées à Saint-Michel-des-Lions par Audouin Gayou; à Tarb, par Louis Léonard. 1483, vicairies fondées à Chassenom par Jean de Faulcon. Communauté des prêtres d'Isle. Ratification de la donation de l'église de Saint-Pardoux. Vicairies fondées à Saint-Agnant par Gabriel de Bonneval; à Tarn, par Jean Larbe et Gérald Chouly.

LXXII. — JEAN BARTON DE MONTBAS, curé, archiprêtre, chantre du Dorat, doyen de la cathédrale, prit possession le 28 avril 1484; mourut à Isle le 13 septembre 1510; repose à la cathédrale de Limoges. 1485, vicairie de Jean Rocherii à Brigueil-l'Aîné. 1486, ordonné de bâtir Saint-Marc-à-Loubaud, Gimel-hors-du-Château, La Mazière près Ventadour, Flavignac, Samathie, Le Pont-Saint-Martin, Savignac-les-Drieux, Ambazac, Cosnac. Vicairie de Jeanne de Beaufort à Turenne. 1487, prébende supprimée à Eymoutiers. 1488, chapitre de Saint-Junien acquiert le patronage d'une vicairie à Rochechouard. Chapelle bâtie à Lastours par Jean de Lastours. Hôpital rebâti à Saint-Germain. Vicairie de Marguerite Lapine et Jean Bardoni à Tarn. Vicairies d'Yves de Lestrange à La Croizille; Pierre d'Usurat, à Verneuil. 1489, ordonné de rebâtir Saint-Christophe près Lesterps, Ahun, Saint-Pardoux-le-Vieux, La Chaussade, Samathie, Mérignac-l'Église, Vigeois, Soursac, Meyssac. Berneuil uni à l'abbaye du Dorat. Blon uni à la cathédrale. Frères mineurs établis à Saint-Projet. Vicairies de Martial Foresta à Saint-Domnolet; de Jean Neymond, au Dorat; de Jean Lolier, à Tarn. 1490, ordonné de rebâtir Saint-Priest-Palus, Javerlhac, Saint-Jal. Vicairies de Jean Sandèles à Saint-Pierre-du-Queyroix; de Louis de Mareillac, au Dorat; de Guy Roussely, à Ussac; de Jean de Reynald, à Davignac; de Jean de Faye, à Tarn. 1491, vicairie de Jean Deschamps à Saint-Pierre-du-Queyroix. Trois vicairies fondées par Jean Barton, Thomas Delli, à Guéret. Chapelle à Vignol. Vicairie fondée par Martin Condaud à Tarn. 1492, ordonné de rebâtir Saint-Martin-le-Vieux. Eustache Didonis, abbé de Saint-Martin. Vicairie augmentée à Chalus par Jean Dupont. Vicairie d'Étienne Blancher. Vicairie de Martial de Julien. Vicairie fondée à Eymoutiers par les Romanet. Vicairie d'Étienne Garin. 1493, vicairies de Guillaume Sapientis, de Nicolas Villeroux, à Boussac. Église d'Élisières bâtie. Vicairies d'André de Montbron à Varaigne; de Pierre de Argentiers, à Saint-Paul. Sacristie de Saint-Martial unie au monastère. Celle de Saint-Pierre. 1494, sacre de l'église de Coulonges-en-Rancon Vicairie de Jean Bracher. L'Abeille unie à Saint-Augustin. Vicairies à Arnac. Vicairies de Pierre Allart à Guéret; Jean de Noalet; Louis Chouly. Vicairie de Guillaume de La Roussille à Tarn. Jacques Jouviond, abbé de Saint-Martial. 1495, ordonné de rebâtir Saint-Augustin près Chabanais, Saint-Pardoux-le-Pauvre et Saint-Pantaléon d'Auvergne. Jacques Joviond, ancien abbé de Saint-Martial. Chapelle bâtie au cimetière de Saint-Junien par André du Fresne. Vicairie de Pierre de Lombre à Nedde. 1496, cure de Saint-Amand unie. Ordonné de rebâtir Saint-Priest-sous-Aixe. Communauté de prêtres à Saint-Yrieix. Ordonné de rebâtir Saint-Yrieix-sous-Aixe. Vicairie de Louis Faulcon à Chassenom 1497, chapelle de Sainte-Élisabeth bâtie à Saint-Junien. Ordonné de rebâtir Bussière-Galand, Perpezac-le-Blanc, Perpezac-le-Noir, Saint-Angel, Flavignac. Vicairie de Jacques Natier à Tarn. Carmes veulent s'établir à Juillac. 1498, Chalus-Bas annexé à Lageyrac. Vicairies d'Antoine d'Aubusson à Monteil-le-Vicomte; de Jean Las Fonts, à Tarn; de Catherine Deneyche. 1499, ordonné de rebâtir Saint-Maxime de Confolens et Saint-Martin-le-Pin. Vicairies de Jean Dupeyrat à la cathédrale; de Mathurin de Compreignac, à Cognac; de Pierre Texier, à Tarn; de Pierre Alamigou, à Feytiat; de Jean de Carcella. 1500, cure de Saint-Amand unie au chapitre de Saint-Junien. Communauté de prêtres de Guéret confirmée. Vicairies de Guillaume des Monts à Saint-Jean de Limoges Vicairies de Pierre du Puy-du-Pin à Brigueil-le-Chantre; de Léonard Romanet; à Eymoutiers; de Mariote Lapine, à Aixe. 1501, vicairie de Gabriel de La Retoule au Fouchet. Statut du chapitre de Saint-Junien. 1502, vicairie de Jean des Changia à Saint-Angel. Union de Ladignac, de Blon, Janaïlhac. 1503, collégiale fondée à Pompadour. Vicairies de Jacques Teullier à Saint-Gérald, et sa mort; de Marguerite Chambon, à Saint-Michel-des-Lions; de Jean de Château-Vert, à Belle-Chassagne; de Michel Teilhol, à Aixe. 1504, vicairie de Jean de Julien. Antoine Amadei à Salagnac. Vicairie de Jean Chauvaing. 1505, communauté des prêtres de Saint-Maurice de Limoges approuvée. Chapelle de Sainte-Marthe. Vicairies de Jean Chambon à Saint-Pierre-du-Queyroix; de Jean Chambon, à Bellac; d'Antoine des Montiers, à Nouic; de Jean Jevardac, au Dorat; de Martial Chouly, à Chalus; de Géral Pastoureau, à Nontron; de Jean Gay, à Saint-Léonard. Jean Preynelli. Barton, abbé de Saint-Augustin. 1506, communauté de prêtres fondée à Bourganeuf. Cieux et Monterol. Vicairie de Pierre de Loménie à Flavignac, à La Faye près Flavignac; de Raymond de Saint-Amancien, à Lissac. 1507, vicairie de Jeannette Dupeyrat. Françoise de Beaupoil, abbesse de la Règle. Peste à Limoges. 1508, chapelle de Sainte-Marthe près de Saint-Paul à Limoges. Vicairie de Jean Caillou. 1509, chapelle du Queyroix bâtie à Saint-Victurnien par ..... Tesseraud. Communauté de prêtres érigée à Saint-Martial-le-Mont. Vicairies d'Antoine Bardon à la cathédrale; de Jean de Montbrun, à Montbrun. Vicairie à Saint-Gérald. 1510, vicairies de Jean Joubert à Allassac; de Pierre Comte, à Treignac. Vicairie d'Antoine Bardon. Guillaume Aubusson. Communauté de prêtres à Saint-Sulpice.

LXXIII. — GUILLAUME BARTON, curé, abbé du Dorat et de Solignac, doyen de la cathédrale. élu le 25 novembre 1510; se démit en 1513; fut transféré à Lectoure; mourut le 23 janvier 1520; repose à la cathédrale de Limoges:

Foucaud de Bonneval, abbé de Bénévent, élu ....., se démit en 1513; transféré à Soissons, puis à Périgueux; mourut le 20 juin 1540; repose à la cathédrale de Périgueux.

René de Prie, abbé de plusieurs abbayes, évêque de Bayeux, cardinal, fut nommé en 1510; ne prit possession que le 26 septembre 1514, et ne se qualifia qu'administrateur perpétuel; il se démit avant le 24 août 1516; repose dans l'église de La Prée en Berry, dont il était abbé; mourut le 19 septembre 1519.

1511, juge ordinaire de l'official de Limoges à Brive. Incendie de Lupersac. Vicairie de Léonard de Perelles à Magnac. Vicairies de Jacques Beysse. Autre de Gautier de Pérusse à Varaigne. 1512, vicairies de Jean Chantois à Tarn; de Jean de La Porte, à Treignac. Chapelle à Sainte-Feyre. 1513, vicairies de Bertrand Chemison à Rochechouard; d'Antoine Vouteyrine, de Clémence, de Martial Auzanet, à La Souterraine; de Guillaume Lamoureux, à Genis. Jean Disnemandi. Vicairie par Pierre Bermoudet à Panazol. 1514, vicairies de Jean Teulier à l'hôpital de Saint-Martial; de Jean Buri, à Tarn. Périnette de Châtillon. Communauté de prêtres à Seilhac. 1515; vicairies de Martial Audier, de Jean Duvergier, à Saint-Pierre-du-Queyroix; de Martial Vitrat, à Chamboulive; de Léonard Planeti, à Meymac. 1516, prieuré de Château-Ponsac, Lourdoueix-Saint-Pierre, déchargés de décimes. Vicairies de François Dubois à Saint-Pierre-du-Queyroix; de Pierre Hugon, à Saint-Maurice près Crocq; de Guillaume de Boulhet, d'Anne Chantoix, à Aixe.

LXXIV. — PHILIPPE DE MONTMORENCI, de Boisgenci, élu le 18 octobre 1516; prit possession personnelle le 31 octobre 1518; mourut le 6 octobre 1519; repose chez les cordeliers de Blois. 1517, vicairie d'Isabeau Lapine à Saint-Pierre-du-Queyroix ; de Jeannette de Julien, aux Arènes de Limoges ; de Jean de Tarn, à Tarn ; de Martin Chemin, à Treignac. 1519, statut des prêtres de Chamberet approuvé. Statuts synodaux. Vicairies de Pierre Alary à Saint-Jean de Limoges ; de Guy Lapine, à Aixe ; de Marguerite de Castanet, à Antilhac.

LXXV. — Charles de Villers de L'Isle-Adam, chanoine, archidiacre de Beauvais, abbé du Val-Notre-Dame, prit possession par procureur le 25 novembre 1519 ; transféré à Beauvais au commencement de 1530 ; mort le 26 septembre 1535. 1521, vicairies de Jean de Beynac à Saint-Maurice de Limoges ; de Jacques de Salanhac, à Vic ; d'Étienne Deschamps, à Turenne ; de Jean Deschamps, à Nazareth. Guillaume Barton, doyen de la cathédrale, évêque de Lectoure. 1522, vicairie de Nicolas Dason à Confolens ; de Jean Reynal, à Cornil ; de Guillaume de Cosnac, à Linoire-de-Turenne ; de Jean Chaptiers, à Colonges. Abbaye d'Uzerche élective 1523, vicairie de Pierre de La Treille à Saint-Hilaire-del-Peyroux Abbé de Saint-Martial. 1524, vicairie d'André Delavau à Saint-Victurnien. 1525, collège fondé à Limoges. 1526, prieuré de Nedde uni a Solignac. Vicairie de Thev.-Massigonne. 1527, ordonné de rebâtir Saint-Merd-la-Breuille, Saint-Denis de La Courtine, Flayac, Sournac, Aubusson, Saint-Jean-de la-Cour à Aubusson, Beaulieu près Peyrat, La Tronche, Saint-Martial de Valette, Nontron, unis à Saint-Ausone d'Angoulême. Vicairie de Booslinard à Rançon. 1528, autre divisée à Eymoutiers. Cures de Séreilhac et de Royère échangées par le patronage. Vicairie de Marie de Sully à Montbas. 1529, prébende unie au doyenné de la cathédrale. Nominations de la cure de Séreilhac à l'aquilarie ; de Royère près Le Compeix, au doyen.

LXXVI. — Antoine de Lascaris de Tende, chanoine, archidiacre, évêque de Riez, de Beauvais, donna procuration pour prendre possession le 27 mars 1530 ; fut transféré à Riez en ..... ; mourut à Avignon en 1544. 1530, vicairies de Jean-Hélie de Coulonges à Pluviers ; de Jean Chouzit, à Tarn. Mort de Jean de Relhac, prévôt de Saint-Junien, 1531, vicairie d'André de Montbrun aux Cars. 1532, communauté de prêtres à Oradour-sur-Vayres ; de Saint-Pierre-du-Queyroix. Vicairies de Martial Perrin à Asnières ; d'Étienne Dumont, à Ambazac ; de Pierre Chastaignol, à Magnac.

LXXVII. — Jean de Langeac, comte de Lyon, aumônier du roi, protonotaire du saint-siège, prévôt de Brioude, abbé de Saint-Gildas de Saint-Lô, évêque d'Avranches, prit possession par procureur le 15 juin 1532, personnelle de Limoges le 22 juin 1533 ; mourut le 27 juillet 1541 ; repose à la cathédrale de Limoges. 1533, vicairie d'Aimeric Barbarin à Saint-Maurice-des-Lions le 10 décembre. Statuts synodaux. 1535, vicairies de Georges d'Ussel à Saint-Bonnet-le-Port-Dieu le 9 mai ; de François des Cars, à Varaigne, le 19 septembre. Union des prévôtés de Verneuil, prieuré de Sirac, à la prévôté de Saint-Martial. Prévôtés des Sèchères, de Panazol, à la chantrerie de Saint-Martial. Prieurés de Manoc, Roussac, Azac ; prévôtés de Rot, Rosiers, Feix, des Cars, au chapitre de Saint-Martial. 1536, vicairie de Catherine Saleis à Saint-Pierre-du-Queyroix. 1537, 28 mars, vicairie de Jean Nadal à Sainte-Ferréole. Sécularisation à Saint-Martial. 2 juin, vicairie de François Dubois à Saint-Pierre-du-Queyroix, 8 juillet, vicairie de Pierre de Villoutreis à Saint-Martin-lé-Vieux ; de François Faulcon, à Nantiac. 1538, 28 mars, vicairie de Hugues La Faurie à Nazareth. 7 septembre, vicairies de Jean de Monteil à Château-Ponsac ; de Martial Gallicher, à Bellac. 1539, 5 février, vicairie de Jean Chambon à Saint-Michel-des-Lions. 1540, 26 janvier, église construite à Chabrignac. 9 mars, vicairie de Pierre Princay à Saint-Sornin-la-Marche. 5 septembre, vicairie de Jacques Peret à Saint-Pierre-du-Queyroix. 22 novembre, vicairie de Pierre Bressac à Eymoutiers. La Galemache unie à la sacristie de Saint-Léonard. 1541, chapelle de Sainte-Barbe à Boussac.

LXXVIII. — Jean du Bellay, né en 1492, prieur, abbé, évêque, cardinal, nommé administrateur perpétuel de Limoges le 22 août 1541 ; prit possession par procureur le 7 octobre ; se démit en 1546 ; mourut le 16 février 1560 ; repose à Rome chez les minimes de la Trinité-du-Mont. 1542, vicairies de Martial Gratejou, 28 avril ; de Jean Léonard, 1er août, à Tarn. Chapelle de Jacques Bastier à Saint-Junien. 1543, 29 mars ; vicairies de Pierre Segui à ..... , 1er avril, ... , de Penelle Cheury, à Tarn ; 28 juin, ... de Jacques Servière, à Saint-Michel-des-Lions. 1544, 2 mars, vicairies de Mathieu Veyssier à L'Arche ; 27 juin, ... de Jean de Bastide, à Saint-Martial de Limoges. Jean Barton, doyen de la cathédrale, abbé de Saint-Augustin, évêque de Lectoure. Guillaume Jovion, abbé de Saint-Martin. 1545, vicairie de Jordain Petiot à Saint-Michel-des-Lions. Service de Sainte-Afre de Limoges transféré à Saint-Julien. 1546, sous-chantrerie érigée en dignité.

LXXIX. — Antoine Sanguin, né en 1493, abbé, évêque d'Orléans, cardinal dit de Meudon, grand-aumônier de France, fait évêque de Limoges le ..... 1546 ; se démit en 1547 ; fait archevêque de Toulouse ; mourut à Paris le 22 décembre 1559 ; repose au Val-des-Écoliers. 1546, 5 janvier, vicairies de Bertrand de La Courrière à Château-Ponsac ; 28 juin, ... de Simon Vergniaud, à Bellac. Nozon uni à la cathédrale.

LXXX. — César de Borgognonibus, Italien, nommé en 1547, eut ses bulles le 1er novembre 1547 ; mort en 1558 ; résigna à Louis Pic-de-Lamirande ; prit possession par procureur le 22 mars 1547 (1548). 1547, 20 mars, vicairie de Junien Sensaud à Saint-Junien. Prieuré de Château-Ponsac non cotisé aux décimes. 1548, 6 juin, aumônerie de Rochechouard donnée aux prêtres du lieu. 1549, 3 février, vicairie de Pardoux Victon à Guéret. 1550, 17 mars, vicairie de Bertrand de La Johannie à Donzenac. Déclaration du roi pour le doyenné de Saint-Yrieix. Statuts de la cathédrale. 1551, François Barton, doyen de la cathédrale, abbé de Saint-Augustin. 1552, chapelle bâtie à Pluviers par Antoine Léonard. 1553, 4 janvier, vicairies d'Alpinien Cheyrou à Tarn ; 7 décembre, de Jean Tournois, à La Gane de Bellac. 1554, 14 novembre, deux vicairies de François Roche aux Allois. 1556, chapelle bâtie à Razès par Guillaume Vouzelle. 30 juillet, vicairie de Pierre Barton à Lubignac. 1557, 14 avril, vicairie de Junien Vergniaud à Bellac. 8 août, collégiale fondée à Nouailles. 1558, communauté de prêtres érigée à Fontanières. Saint-Georges de Vayres ruiné.

LXXXI. — Sébastien de Laubespine, doyen de Bayeux, abbé de Massay, donna procuration le 7 juin 1552 pour prendre possession ; on la prit pour lui le 13 juillet ; mourut à Limoges le 2 juillet 1582 ; repose à la métropole de Bourges ; voulut résigner, en août 1564, à Jean des Montiers du Fraisse, évêque de Bayonne, ce qui n'eut pas lieu. 1558, 20 juillet, vicairie de Catherine Motgeon à Saint-Junien. 1559, 14 mai, vicairie de Jean Beraud à Bellac. Mort de Nicolas de Relhac, prévôt de Saint-Junien. 5 juin ; ..... de Peyronne de Salagnac, à Magnac. Sentence contre le prévôt et le chantre de Saint-Martial. 1560, 24 avril, sacre de la chapelle de Rochefort à Guéret. Vicairie à Nontron. 1561, préceptorales de la cathédrale et de Saint-Martial unies au collège de Limoges. Jean de Loménie, doyen de la cathédrale. 1562, aumônerie de Saint-Martial aux pauvres dudit lieu. 1563, 16 août, vicairie de Louis Brenac à Eymoutiers. Martial Benoît, abbé de Saint-Augustin. 1564, préceptorale de Saint-Junien donnée à un régent. 1565, 10 août, Saint-Lazare près Limoges uni à Sainte-Félicité. Pierre Benoît, prieur de Saint-Gérald. 1566, 13 juin, vicairie de Louis Chau à

Bellac. 1567, vicairie de Pierre Mauplo à Saint-Pierre-du-Queyroix. 20 octobre, Sainte-Madeleine de Lesterps brûlée. 1568, 2 septembre, vicairie de Martial Vertamont à Saint-Pierre-du-Queyroix. Jacques Joviond, abbé de Saint-Martin, 1569, chapelle à Javerlhac brûlée. Jean des Montiers du Fraisse, évêque de Bayonne. 1571, Charlotte, abbesse de la Règle. 1572, 1er juin, vicairie de Léonard Nicard à Saint-Léonard. Guillaume Barton, doyen de la cathédrale, abbé de Solignac, évêque de Lectoure. François Boyol, doyen 1573, 11 mars, vicairie de Jean Brachet à Bénévent. Jossé Godet, prévôt de Saint-Junien. 1574, sécularisation du chapitre de Brive. 1er juin, vicairie d'Étienne Beaure à Saint-Léonard. 1575, 30 avril, union de Blon déclarée abusive. 1576, Notre-Dame-du-Château de Rochechouard démolie. Le Chatenet, ordre de Graudmont, donné à des filles. 1577, sacristie d'Évaux unie au couvent. Arrêt pour l'élection du doyen de Saint-Yrieix.

LXXXII. — JEAN DE LAUBESPINE, docteur en l'un et l'autre droit, abbé de Saint-Martial et de Saint-Éloi de Noyon, chanoine de Paris, conseiller au parlement, obtint ses bulles le 22 août 1583; prit possession par procureur le 20 septembre; permuta le 8 mai 1587; nommé en septembre à l'évêché d'Orléans; mourut à Paris le 23 février 1596, âgé de 39 ans; repose à la cathédrale d'Orléans. 1581, Jacques Boyol, doyen de la cathédrale. 1583, collège érigé à Limoges. 1584, 9 mars, vicairies d'Anne de Ribeyreix à Poussanges; 12 novembre, ... de Mathias Marchandon, à Bénévent. 1585, Jean Dubois, prieur de Saint-Gérald.

LXXXIII. — HENRI DE LA MARTHONIE eut ses bulles le 13 juillet 1587; prit possession le 25 octobre; résigna au suivant en 1611; meurt le 7 octobre 1618, âgé de 79 ans; repose à la cathédrale de Limoges. 1593, 26 avril, vicairie de Gabrielle du Fraisse à Eymoutiers. 1594, récollets établis à Saint-Léonard, Jean de Puyzillon, doyen de la cathédrale. 1595, théologale élective. Doyenné de la cathédrale sujet à l'indult. 1596, 1er août, Sainte-Valérie de Limoges donnée aux récollets. 1597, 15 juillet, Barbe Chenaud meurt à Saint-Léonard. 1598, pénitents noirs établis à Saint-Michel-de-Pistorie à Limoges. 29 mai, Saint-Amand de Saint-Junien aux récollets. 1er octobre, vicairie de Jean des Cars à Varaigne. 1599, 27 novembre, jésuites établis à Limoges. 1600, 28 janvier, Aureil uni aux jésuites de Limoges. 1601; 28 mars, Saint-Bonnet-la-Rivière unie aux futurs jésuites de Brive. 23 novembre, vicairie de Jeanne du Vignaud à Salles. 1603, 11 mars, vicairie de Léonard Chenaud aux Allois. Prieuré du Mas-Saint-Paul non cotisé aux décimes. 1604, 28 avril, vicairie de P. Sapientis à Saint-Martial unie aux jésuites de Limoges 15 mai, Massignac uni aux jésuites de Limoges. 7 octobre, récollets établis à Ussel. Septembre, prieuré du Port-Dieu à la nomination du roi. 1605, 12 août, Tavaux uni aux jésuites de Limoges. 22 décembre, Villevaleix uni à Bonnesaigne. 1606, pénitents noirs à Felletin. 14 mai, Beynac uni aux frères prêcheurs de Limoges. 1607, 15 février, ursulines établies à Brive. Doctrinaires. 1608, 23 mars, Croze uni au collège de Felletin. 1610, 21 août, vicairie de Charles de Bar à Sainte-Ferréole. 1611, pénitents bleus établis à Saint-Junien. Saint-Sanctin uni aux doctrinaires de Brive. 1612, pénitents bleus à Felletin. 22 mars, Notre-Dame-de-Lorette, à Bellac, bénite. 12 juillet, minimes fondés aux Cars. 29 novembre, Glénic uni à Saint-Augustin de Limoges. 1613, Saint-Augustin de Limoges uni à la congrégation de Sainte-Vanne. Récollets établis à Brive. 15 juillet, Le Chalard uni aux jésuites de Roanez. 10 décembre, Meyssac uni aux feuillants de Tulle. 1614, récollets établis à Aubusson. 17 février, pénitents blancs à Chabanais. 8 septembre, Rilhac uni à Saint-Augustin de Limoges. 1615, pénitents feuille-morte établis à Mont-Jauvi de Limoges. 19 mai, vicairie de Jeanne Dupont à Tarn. 1616, récollets établis à Confolens, à Saint-François de Limoges, à Guéret. 9 août, vicairie de Pierre Sausson unie aux jésuites de Limoges. 1617, 29 janvier, collège établi à Ventadour. Saint-Augustin-lez-Limoges, berceau de la congrégation de Saint-Maur. Pénitents bleus à Felletin. Vicairie d'Antoine Bardon unie. 1618, récollets établis au Dorat. Pénitents bleus à Nedde.

LXXXIV. — RAYMOND DE LA MARTHONIE, évêque de Calcédoine, nommé coadjuteur le 20 juillet 1615, mourut le 12 janvier 1627; repose à ... 1618, 18 novembre, carmélites à Limoges. Doctrinaires de Brive. 1619, bénédictins de Saint-Maur à Solignac. 2 juillet, vicairie de François de Lavez à Verrières. 10 juillet, prévôté d'Ambazac unie à Saint-Augustin de Limoges. 21 octobre, Bostmorbaud uni aux jésuites de Limoges. 1620, Notre-Dame-de-Sainte-Espérance bâtie à Felletin. Bulle pour Solignac. Statuts synodaux. 31 mars, statuts du chapitre de Saint-Junien. 18 novembre, urbanistes établies à Limoges. 23 novembre, ursulines établies à Limoges. Offices claustraux de Solignac unis à la mense commune et les prévôtés de Faye, Sussac, Ségur, Perpezac, Artou, Chaumeille, Vaux. 1621, 15 août, carmes de Limoges réformés. Congrégation de Saint-Maur. 1622, frères prêcheurs de Limoges réformés. Fonctions curiales interdites à Chante-Miaule. 7 juin, feuillants établis à Limoges 1623, pères de l'Oratoire établis à Limoges. Fonctions curiales interdites à Chantaud. Chapelle bâtie à Coron. 1er décembre, carmes établis à Limoges. Cure de Saint-André unie à celle de Saint-Domnolet, 1624, cure de Saint-Laurent de Limoges unie à celle de Saint-Paul. Permis de bénir la chapelle de Montignac. 20 mai, chapelle de La Pauze à Voutezac, Jeanne de Bourbon, abbesse de la Règle. Notre-Dame-du-Pont. 27 juin, religieuses de la Trinité établies au Dorat. 19 juillet, chapelle bâtie à Meoulze. 11 septembre, prévôté de Peyrilhac, prieuré de Bonnefont, unis à Saint-Martin-lez-Limoges. 1625, urbanistes à Saint-Yrieix; 28 avril, Notre-Dame-du-Pont de Saint-Junien, au chapitre. 15 juillet, vicairie par Jacques Labiche à Saint-Maurice de Limoges. 3 novembre, urbanistes à Nontron. 1626, pénitents blancs à Guéret. 3 décembre, chapelle au château de Fayac.

LXXXV. — FRANÇOIS DE LA FAYETTE eut ses bulles le 29 novembre 1627; meurt, âgé de 86 ans, le 3 mai 1676; repose à la Mission de Limoges; prit possession par procureur le 15 mars 1628. 1627, 8 avril, prieuré de Nozerines vendu. Pénitents feuille-morte à Saint-Léonard. 1628, chapelle bâtie à Beaune par Jean Nanot. Louis Marchandon, abbé de Saint-Martin. 1629, pénitents gris à Saint-Junien. Statuts synodaux. Pénitents bleus à Peyrat. Chapelle du Deveix à Bonnesaigne. 14 juillet, ursulines à Eymoutiers. 8 août, Vegenas uni aux doctrinaires de Brive. 1630, moines d'Ahun s'agrègent à Cluny. Bénédictins à Évaux. 13 avril, cure érigée aux Portes. 26 avril, frères prêcheurs établis à Rochechouard. 5 novembre, Lapleau uni à Romazières. Pénitents blancs à Saint-Vaury. Mathias Verthamon, doyen de la cathédrale, abbé du Palais, de Prébenoît. 1631, pénitents blancs à Meyssac. Tombeaux aux feuillants de Limoges découverts. 1632, offices claustraux de Saint-Augustin unis au couvent. Chanoines réguliers de Chancelade à Saint-Gérald. 15 août, ursulines à Beaulieu. 1633, chapelle de Saint-Martial à Saint-Martin-de-Jussac rasée. Maladrerie de Saint-Roch à Meymac. Récollets à Bellac. 1634, filles de Notre-Dame à Limoges. Jésuites à Beaulieu. 20 octobre, chanoines réguliers de la congrégation de France à Évaux. 1635, chapelle de Javerlhac rebâtie. 1636, défendu de garder le Saint-Sacrement à Fougère. Ursulines à Ussel. 2 octobre, visitandines à Guéret. 1637, chanoines réguliers de la congrégation de France à Saint-Gérald. Chapelle du château d'Ussel détruite. 1638, 4 octobre, prieuré de Voulon uni à la Règle. 1639, 3 septembre, Saint-Michel de Châteauneuf uni aux jésuites de Limoges. 1640, 4 juin, Notre-Dame-de-la-Cabane à Ussel. 19 septembre, vicairie de Jacques Brousse à Auzance. 18 décembre, vicairie pour Philippe de Douhet à Saint-Pardoux près Razés. 1641, pénitents blancs à Treignac.

Saint-Sextier. 1643, pénitents blancs à Ahun. 6 décembre, visitandines à Limoges 30 décembre, La Chapelle-Geneste unie à Glandier. 1644, pénitents blancs à Eymoutiers. Saint-Nicolas uni à Aureil. Capucins à Turenne. 16 mars, vicairie de La Regondie à Bujaleuf. 1646. Jean d'Estresses, évêque de Lectoure. 1647, 12 février, vicairie de Charlotte de Fumel à Piégut. 11 mars, vicairie de Catherine Jabreilhac à Guéret. 19 avril, séminaire fondé à Brive. 1648, chapelle de Maumousson rebâtie. 11 octobre, doctrinaires à Bellac. 1649, bénédictines d'Évaux supprimées. 1er novembre, chapelle à Abjac, bâtie par François Texier. Vicairie fondée à Javerlhac 1651, 6 juillet, vicairie de Jean Mosneron à Saint-Sylvestre. 1652, 23 septembre, Le Deveix uni aux jésuites de Limoges. 20 novembre, vicairie d'Austrille Vallenet à Bellegarde. Décembre, filles de Notre-Dame à Saint-Léonard. 1653, 26 janvier, vicairie d'Hélie de La Roche-Aymon à Saint-Maixent. Sacristies de la cathédrale réduites à une. 6 mars, religieuses de la Règle soumises à l'évêque. Transaction pour les bénéfices de Saint-Martial. 11 août, vicairie de Jean de Saint-Georges à Berneuil. 1er septembre, prétendu peigne de saint Martial à la Règle interdit. 1654, filles de la Providence à Limoges. 5 juin, vicairie de Fontmartin à Darnet. 10 octobre, filles de Notre-Dame à Saint-Junien. 1655, 10 novembre, vicairie de Silvain Masdot à Bénévent. 1656, 5 avril, vicairie de Françoise de Saint-Martial à Neuvic. 1657, 15 janvier, chanoines réunis à la congrégation de France à Lesterps. Bénédictins de la congrégation de Saint-Maur à Saint-Angel. Pénitents blancs à Aubusson. 1658, 5 mars, vicairie de Martial Mandat à Aixe. 1659, séminaire de la Mission de Limoges. François de Verthamon, doyen de la cathédrale. 10 mai, Petites-Claires à Limoges. 15 mai, hospitalières de Saint-Alexis à Limoges. 19 juillet, vicairie d'Étienne Chavaille à Uzerche. 1660, 7 juillet, La Faye unie à La Mongerie. Décembre, hôpital de Saint-Alexis à Limoges: on y unit l'hôpital de Saint-Martial, la Maison-Dieu et l'hôpital de Saint-Jacques. 1661, pénitents rouges à Limoges. 12 octobre, vicairie de Pierre Maublanc à Saint-Victurnien. 1662, doctrinaires à Treignac. 26 février, vicairie de Pierre de Faureaux au Dorat. 1663, pénitents noirs à Château-Ponsac. Bénédictins de la congrégation de Saint-Maur à Beaulieu. 22 janvier, vicairie par François Romanet à Saint-Michel-des-Lions. 21 juin, Courlioux uni aux jésuites de Limoges. 5 juillet, carmélites à Brive. 1664, vicairie de Marie de Nesmond à Saint-Victurnien Vacqueure déclaré cure. Séminaire de Laval-Magnac Pénitents bleus à Saint-Yrieix. 29 mars, La Villeneuve déclarée cure. 27 septembre, vicairie de Pierre Hardy à Saint-Pierre-du-Queyroix. 1665, prieuré de La Voulx aliéné par les jésuites de Limoges. 5 février, hospitalières à Guéret. 25 mars, vicairie de Jacques Brandy à Lubersac. 26 juillet, filles de la Conception à Bort. 1666, prêtres établis à Monteil-le-Vicomte. Séminaire des Ordinands à Limoges. Chapelle de Chambon à Condat rebâtie. 6 mai, vicairie de Jean Maublanc à Saint-Victurnien. 1667, pénitents blancs à Donzenac. 8 février, communauté des prêtres de Saint-Léonard fixée à quatorze. 7 décembre, vicairie de Jacques Sanche à Confolens. 1669, bénédictins de Saint-Maur à Magnac. 23 novembre, vicairie de François Mondet à Aixe. 1670, chapelle de Condadille rebâtie. Pénitents gris. Pénitents bleus à Ussel. 30 juillet, Romevieille unie à Saint-Auvent. 1671, Pierre Villebois, prévôt de Saint-Junien. 1672, 10 septembre, vicairie de Marie de La Guesle à Confolens. 1673, chapitre du Moutier-Roseille transféré à Aubusson. Chapelle de Sainte-Radegonde démolie. La Claud-au-Bourgdeix donnée aux pères de l'Oratoire. Pénitents noirs à Guéret. 17 août, cordeliers de Limoges, Saint-Junien, Brive, réformés. 4 septembre, Derce uni à Saint-Bernard de Tulle. 1674, vicairie de Simon Moulinier à Bellac. 10 octobre, vicairie de La Rivière transférée à Pompadour. 1675, chapelle de Masfert à Ahun; Saint-Gaudon, à Brive. 15 mai, Saint-Sébastien de Chabanais érigé en cure.

LXXXVI. — LOUIS DE LASCARIS D'URFÉ, coadjuteur en 1676; nommé le 3 juillet; prit possession le 30 janvier 1677; meurt le 1er juillet 1695; repose au séminaire des Ordinands (1). 1677, Saint-Pierre de Saint-Junien déclaré vicairie perpétuelle. Hôpital à Lussac-les-Églises. 2 mai, carmes déchaussés à Égletons. 1678, vicaire perpétuel mis à Notre-Dame de Saint-Junien. Hôpital à Bénévent. Tentatives pour transférer le chapitre de La Chapelle-Taillefer à Guéret. 17 mai, cure érigée à Saint-Michel de Confolens. 1680, 23 décembre, vicairie d'Anne de Samathie à Champagnac. 1681, pénitents blancs à Bellegarde. Pénitents noirs à Brive et à Coulonges. 1er juillet, vicairie de Françoise Malourie à Saint-Hilaire-des-Peyroux. 1682, sœurs de la Croix à La Souterraine. Pénitents noirs à Aubusson. L'Artige unie le 8 janvier, Le Breuil le 11 mars, aux jésuites de Limoges. 1683, 30 avril, régentes fondées à Bellac. 1684, pénitents gris à Chalus. 1685, collége de Felletin. Le refuge. Vicairie de Michel Monteil à Sarran. 4 août, Magnac érigé en succursale. 1687, 9 août, union de Nexon abusive. Sœurs de la Croix à Limoges. 1688, Naugenac transféré à Lamirande. 1689, 8 janvier, Montaigut-le-Blanc érigé en cure. 19 février, Aquilaire du Dorat simple clerc. 1691, 5 février, religieuses de Bonnesaigne soumises à l'évêque. 22 février, Saint-Léonard sécularisé. 8 octobre, vicairie de Jean Fiallon à Saint-Sulpice-le-Donzeil. 1692, carmélites de Brive supprimées. 1693, sœurs de l'Institution-Chrétienne à Felletin.

LXXXVII. — FRANÇOIS DE CARBONNEL DE CANISY, nommé le 8 septembre 1695; meurt le... 1695; meurt à Paris le 28 octobre 1723, âgé de 77 ans; repose à Saint-Sulpice; prit possession par procureur le 1er mars, et personnelle le 24 mars 1696. 1695, 2 septembre, hôpital de Laval-Magnac. 1697, chapelle de Theil à Ussel. 1698, pénitents blancs à Aubusson. 1699, barnabites à Guéret. 23 juin, vicairies de Bussière-Badil réduites à une. 8 mai, Villevaleix réuni à Bonnesaigne. 9 août, vicairie de Guillemette de Vieilléhan à Brive. 1700, sœurs de la Croix à Aubusson. 29 août, abbaye de Bénévent unie à Québec. 1701, vicairie d'Étienne Solabel au Puy-d'Arnac supprimée. 1703, 30 août, cure de Champmeing unie à celle de Saint-Léonard. 1704, Élisabeth d'Aubusson, abbesse de la Règle. 1705, Marie, abbesse de la Règle. 1706, 10 juin, prieurés de Nouic et de Tollet unis à la Règle. Chapelle de Saint-Antoine.

LXXXVIII. — ANTOINE DE CHARPIN DE GÉNÉTINES, nommé ..... 1706; se démit le ... septembre 1729; meurt le 21 juin 1739; repose à Saint-Romain-sous-Urfé en Forez. 1707, Notre-Dame de Seichaud rebâtie à Chalus. 1708, prévôté de Chambon unie au grand-prieuré de Cluny. 1709, 22 avril, vicairie de Gabriel Bugué à Saint-Pardoux-Lortigier. 1710; ... novembre, jésuites à Tulle. 21 novembre, hospitalières à Laval-Magnac. 1711, 14 janvier, vicairie du Puy-la-Reynaude unie aux moines de Beaulieu. 28 décembre, Dun-le-Palleteau érigé en cure. 1712, 14 décembre, vicairie d'Abente unie à la cure de Saint-Maurice de Limoges. 1713, sœurs de la Croix à Ahun. Prêtres de Magnac réduits à dix. 1715, hospitalières à Confolens. Chapelle bâtie à Villemouneix. Le curé de Javerlhac se prétend abbé. 1716, sœurs de la Rivière à Limoges. Chapelle bâtie à Villebayou. 1718, filles de l'Union-Chrétienne à Bellac. Sœurs de la Croix à Chabanais. Chapelle bâtie à Saint-Yrieix-des-Églises. 6 janvier, vicairie de Notre-Dame du Puy, aumônerie de Saint-Maurice, unies à la Providence de Limoges. 1719, pénitents blancs à Neuvic et à Sainte-Ferréole. 1720, 24 septembre, image de la sainte Vierge trouvée à Aigurande. 1722, 13 août, sœurs de la Croix à Guéret. 1723, union

(1) En 1849, ce séminaire ayant été transformé en caserne, les restes du prélat furent exhumés, et transférés dans la cathédrale de Limoges. — T.

projetée de La Saulière au noviciat des jésuites de Bordeaux. 1724, chapelle du Calvaire à Limoges interdite. 1725, chute de la voûte de l'église de Muret, construite en 1112. 1726, pénitents blancs à Bellac. 14 février, prévôté de Saint-Vaury unie à Saint-Martial. 1729, Jean-Charles de Taillefer, abbé de Saint-Martial.

LXXXIX. — BENJAMIN DE L'ISLE DU GAST, nommé.... janvier 1730; meurt le 6 septembre 1739; inhumé dans la chapelle du séminaire de Limoges (1). 1731, 12 avril, hôpital de Boussac. 16 mai, prévôté de La Valette, Clergour, unis à la cathédrale de Tulle. Prieuré de Toy. 1732, hospitalières de Saint-Alexis à La Souterraine. Chapelle de La Terrade à Aubusson. 1734, 4 janvier, on veut unir au chapitre toutes les vicairies de la cathédrale. 30 avril, prévôté d'Évaux unie à la Sainte-Chapelle de Riom. 1735, 22 août, chapelle de Lastours interdite. 1737, 10 mars, Bénévent désuni de Québec. 1738, chapelle de Saint-Paul démolie. Hospitalières à Bourganeuf. 25 août, Chapelle-Antée érigée en succursale. 1739, chapelle de Saint-Martial à la fabrique de Saint-Pierre-du-Queyroix.

XC. — JEAN-GILLES DE COETLOSQUET, nommé..... septembre 1739; se démit... août 1758. 1740, sœurs de l'Instruction-Chrétienne à Brive. Défense aux religieuses de la Trinité du Dorat de recevoir des novices. Chapelle du Puylanau près Limoges démolie par ordre épiscopal. 1741, chapelle de La Courtine à Limoges démolie par ordre épiscopal. Interdit et ordre de démolition des chapelles de Saint-Guignefort, Notre-Dame-du-Queyroix, la Chapelle-Blanche, à Saint-Victurnien; Notre-Dame-de-Pitié, à Verneuil; Sainte-Madeleine, à Thouron; de la Maladrerie d'Aixe; Saint-Michel de Châteauneuf. Défendu de garder le Saint-Sacrement à Rochefort-de-Sournac. Saint-Laurent de Poussanges. La Forêt-Chaulière annexée à L'Église-aux-Bois. 1742, cure de Védrennas supprimée. Interdit et ordre de démolition des chapelles de Saint-Martin-du-Faux à Nieul; de Saint-Éloi, à Excideuil; de Tardifume, à Asnières; de Bar, à Saint-Martin-de-Jussac. 28 juin, vicairies de Bonjour et de Marchadiel unies à la cure d'Égletons. 13 décembre, prévôté d'Arnac unie à Saint-Martial. 1743, interdit et ordre de démolition des églises-chapelles de La Motte-Ratier à Saint-Martial près Saint-Barbant; de Véynes près Bussière-Dunoise et de Notre-Dame-de-Pitié, à Beaune. Le Saint-Sacrement à Saint-Eutrope-des-Chaseaux. 13 avril, La Ronze unie aux Allois. 14 août, L'Artige-Vieille et les places monacales de L'Artige unies aux jésuites de Limoges. 1744, interdit et ordre de démolition des chapelles à Saint-Sylvain-Bas-le-Roc; des Marmis, à La Jonchère; Sainte-Anne et Forest-Vieille, à Ambazac. Interdit et ordre de démolition des chapelles de Saint-Martin à Sauviac; de Sainte-Ruffine, à Fursac; de Notre-Dame, à Laurière; de Montrogier, à Saint-Aignant-de-Versilhac; de Saint-Léobon, à Fursac; de Brousse, à Folles; des Experts, à Chalus; de la Maladrerie et de Sainte-Anne, à Nontron; de Nespoux, à Coussac; de Saint-Martial, à Genouillac; de Villebiche, à Pionnac; de Duvert et de Saint-Martin, au Vigen; de Mathareux, à Janailhac; de Grange-Vieille, à Beissac. Hospitalières à Boussac. Cure de Saint-Martial-de-Valette renouvelée. 1745, interdit et ordre de démolition des églises ou chapelles de La Brière à La Vaufranche; Notre-Dame-de-Pitié, à Verneuil; Salanhac, au Bourg; Saint-Sylvain-Bas-le-Roc; La Galemache, au Chatenet; Saint-Roch, à Boisseuil; le Breuil-à-Larielhe, à Saint-Mesmin; Saint-Martin et Vaisset, à

(1) Le corps du prélat, revêtu d'ornements pontificaux encore intacts, fut transféré à la cathédrale de Limoges en 1819. — T.

Vignols; Saint-Léonard, à Ayen; Ligniaux, à Lourdoueix-Saint-Pierre; Chapelle-hors-les-Bois, à Château-Chervix; Saint-Antoine, à Boisseuil; ancien hôpital, à Brive; Boudeau et La Besse, à Saint-Léonard. Ceyrat-de-la-Rochette rebâti. 18 août, Uzerche sécularisé. 29 novembre, vicairie de Barbarot unie à la cathédrale et au séminaire. 1746, sœurs de la Croix à Bellac. Desservant mis à Élizière près Salagnac. Interdit et ordre de démolition de Bort à Saint-Salvadour; de Gibiac, à Ventadour. 21 juillet, places monacales de Vigeois unies au séminaire de Limoges. 1747, interdit et ordre de démolition des chapelles du cimetière de Montboucher; de Dondazeau, à Nontronneau; Fontroubade, à Lussac; Saint-Léonard, à Haute-Faye; La Griffoulière, à Menoire; du Bourg-Saint-Hilaire-la-Combe, à Curemonte. 24 janvier, La Drouille-Noire unie au Chatenet. 29 janvier, Ars uni à Saint-Martial de Limoges. 21 mai, Le Chalard, Thiers, Seilhac, Savignac, Brignac, unis à la Règle. Sacre à Saint-Martial de l'évêque de Sarlat. 1748, 8 février, Vènes uni aux jésuites de Limoges. 1749, Madranges déclaré non cure. 24 juillet, La Courtine de Limoges unie aux prêtres de Saint-Michel-des-Lions. 27 septembre, cure érigée à Ségur. 1750, Rétois, cure interdite. 9 décembre, vicairie de Jean de Rosiers, unie à la fabrique de Biennac. 30 décembre, urbanistes de Limoges supprimées : les Allois y transférés. 1751, chapelle de Montlaron démolie. Les Allois. Charroux. Chute de la chapelle de Fargeas. Hospitalières-à-Beaulieu. 16 juin, La Mazelle, Fondadouge, Maradène, Claire-Faye, L'Artigette, Royrette, unis aux jésuites de Limoges. 1753, 16 janvier, places monacales du Port-Dieu unies à Brive. 1754, Hospitalières de Saint-Alexis à Saint-Junien Drouilles interdit. Trente vicairies unies à la cure de Saint-Jean de Limoges. 1755, 20 décembre, union de la vicairie du Puy-la-Reynaude à Bonlieu, abusive. 1756, cure de Montbrun obtenue comme vacante. 30 décembre, La Drouille-Blanche unie au Chatenet. 1758, Samuel-Guillaume de Verthamon, ancien doyen de la cathédrale, évêque de Luçon. Jean Pailleré, prieur de Saint-Gérald.

XCI. — CHARLES-LOUIS DU PLESSIS D'ARGENTRÉ, nommé le 3 septembre 1758; exilé en 1791; mort à Munster. 1760, 1er juin, urbanistes de Brive supprimées : Bonnesaigne y est transféré. Françoise, abbesse de la Règle. 1761, 8 mars, aumônerie de la Salle épiscopale, prieuré des Arènes de Limoges, unis à l'évêché. 29 avril, Saint-Gérald uni à l'hôpital de Limoges. 27 novembre, Saint-Viance, Champsac, Magontière, Saint-Salvadour, Condat, Gilmont, Agudour, Salon, Monceis, Saint-Priest-les-Vergnes, -Saint-Ibard, Millevache, vicairie d'Anglard, bailie du Cellier, unis au chapitre d'Uzerche. 1762, 19 juillet, cure érigée à Rochechouard. Jésuites renvoyés. 1764, Léonard Romanet de La Briderie, ancien doyen de la cathédrale. Collège donné. 1765, commendataire à Saint-Augustin. 1767, union de la sacristie de Saint-Vaury. François-Joseph Rogier, doyen de la cathédrale. 1770, chapelle Saint-Michel dans le cimetière de Manoc interdite. 1771, chapelle de Nouglhias près Couzeix interdite. Défense aux Grandmontains de recevoir des novices. 1773, suppression de l'ordre de Grandmont; union de ses revenus à la mense épiscopale. 1779, achèvement du palais épiscopal de Limoges. 1787, mort du Mondain de La Maison-Rouge, dernier abbé général de l'ordre de Grandmont. M. d'Argentré fait commencer la démolition de l'abbaye de Grandmont. 1791, M. d'Argentré, ayant courageusement refusé de prêter serment à la loi schismatique dite *constitution civile du clergé*, part pour l'exil.

CHRONOLOGIE
DES ÉVÊQUES-COMTES DE TULLE.

I. — Arnaud Ier de Saint-Astier, noble périgourdin, dernier abbé de Tulle, en fut le premier évêque. Il publia des ordonnances synodales en 1324, et mourut en 1333. Son corps fut inhumé à Rocamadour (1).

II. — Arnaud II de Clermont, religieux de l'ordre des frères mineurs, fut nommé, par le pape, évêque de Tulle, au mois de septembre 1333. Il assista au concile de Bourges en 1336, et mourut en 1337. Baluze croit qu'il écrivit contre Jean XXII au sujet des assertions de ce pape sur la vision béatifique.

III. — Hugues Roger, religieux bénédictin de Tulle, puis abbé de Saint-Jean-d'Angély (2), fut nommé à cet évêché par Clément VI, son frère, le 18 juillet 1342. Il fut créé cardinal du titre de Saint-Laurent *in Damaso* le 20 ou 21 septembre de la même année. On l'appela le cardinal de Tulle à cause de son siége. Il conserva toujours, sous la pourpre romaine, la modestie religieuse. On croit qu'il ne reçut jamais l'onction épiscopale. Quelques-uns prétendent qu'il mourut à Avignon en 1363; mais il est plus probable que son décès arriva à l'abbaye de Montolieu, au diocèse de Carcassonne. Quoi qu'il en soit, son corps fut rapporté dans l'église de Saint-Germain de Masseret en Limousin, qu'il avait fait bâtir. Duchesne et Sponde disent que, des vingt cardinaux qui entrèrent au conclave après la mort d'Innocent VI, quinze offrirent la tiare à Hugues Roger, qui la refusa constamment.

IV. — Gui, nommé à la place de Hugues, eut vraisemblablement pour compétiteur Jean, nommé dans un acte de prestation d'hommage daté du 14 avril 1343.

V. — Bernard ou Bertrand de La Tour, moine de Tulle, nommé en 1343, avait pour vicaire général Bernard Fournier, chanoine d'Autun et de Tournay.

VI. — Pierre.

VII. — Archambaud, nommé en 1348 environ, mourut en 1361, le 21 novembre suivant le Nécrologe de L'Artige, peut-être après

(1) Nous empruntons cette liste à l'abbé du Tems, en la rectifiant d'après Nadaud. — T.
(2) On lit dans un registre du chapitre d'Amiens que Hugues était chanoine de cette église en 1340.

s'être démis On voit par des registres d'Avignon qu'il paya, le 7 novembre 1352, ce que Pierre, son prédécesseur, devait à la cour romaine.

VIII. — Laurent dit d'Albiars, aussi appelé d'Albiac ou d'Aubiac, médecin du pape Innocent VI, fut transféré de l'évêché de Vaison à celui de Tulle en 1361, et peut-être dès 1359. Il mourut en 1370; enseveli dans la cathédrale.

IX. — Jean Lefevre (Fabri), cousin germain de Grégoire IX, docteur en droit civil, doyen d'Orléans, nommé à l'évêché de Tulle en 1370, fut créé cardinal-prêtre du titre de Saint-Marcel le 30 mai 1371. Il ne jouit de sa dignité que neuf mois, étant mort le 6 mars de l'année suivante à Avignon.

X. — Bertrand de Cosnac, noble limousin, fils de Hugues II de Cosnac, monta sur le siége de Tulle en 1371. Il était mort ou avait abdiqué en 1376.

XI. — Pierre de Cosnac, prieur de Brive, sa patrie, frère de Bertrand, lui succéda en 1376. Il avait, en 1398, pour vicaire général, Raimond de Cosnac, qui assista, cette année, à l'assemblée tenue à Paris pour l'extinction du schisme. Ce prélat mourut en 1402, selon l'opinion la plus commune. Baluze croit que son décès arriva plus tard. Nous adoptons d'autant plus volontiers l'opinion de ce savant que Pierre n'eut un successeur qu'en 1408.

XII. — Bertrand de Botinand, Limousin, né à Saint-Germain près Pierre-Buffière, prévôt de Saint-Espain dans l'église de Saint-Martin de Tours, et auditeur en la cour de Rome, devint évêque de Tulle en 1408. Il assista au concile de Pise l'année suivante, et mourut en 1416.

XIII. — Hugues de Combarel ne fut pas paisible possesseur de ce siége. Il eut pour compétiteur Martin de Saint-Sauveur, nommé par une partie des chanoines, et confirmé par le métropolitain; mais Hugues fut maintenu par arrêt du parlement de Paris du 12 juillet 1421, qui obligea Martin à la restitution des fruits. Hugues passa, peu de temps après, à l'évêché de Béziers, et de là à celui de Poitiers, en 1424.

XIV. — Martin de Saint-Sauveur jouit des revenus de cet évêché depuis 1416 jusqu'en 1421. Baluze observe que, pendant tout ce temps, le diocèse fut gouverné par un grand-vicaire établi de l'autorité du roi.

XV. — BERTRAND DE MAUMONT, noble limousin, était neveu de Hugues de Saint-Martial, cardinal, et de Pierre, archevêque de Toulouse. Il fut d'abord évêque de Mirepoix, puis de Lavaur, ensuite de Béziers, et passa à Tulle en 1422. Ce prélat réduisit les prébendes de Rocamadour au nombre de quinze, et mourut le 25 juillet 1425; enseveli dans sa cathédrale.

XVI. — JEAN DE CLUYS, d'une ancienne maison du Berry, était parent et vicaire général de Bertrand, auquel il succéda dans l'évêché de Tulle. Il fut envoyé en ambassade auprès du roi de Castille en 1428. Ce prélat accommoda quelques différends avec son chapitre l'année suivante, et transigea avec les habitants de Tulle en 1431. Il acheva le palais épiscopal, mourut en 1444, et fut enseveli dans sa cathédrale. Après le décès de Jean, Pierre de Comborn, de la branche de Freignac, fut nommé par le pape à cet évêché, selon Baluze; mais il ne le posséda point, parce que sa nomination était contraire à la pragmatique. Cependant il est compté parmi les évêques qui se trouvèrent à la translation de saint Martin dans l'église de Tours au mois de février 1453.

XVII. — HUGUES D'AUBUSSON, fils de Renaud et de Marguerite de Comborn, était prieur claustral lorsqu'il devint évêque de Tulle. Il fit sa première entrée dans cette ville le 25 juillet 1451, n'étant pas encore sacré. Le roi l'envoya au-devant de Guillaume d'Estouteville, légat du pape, vers la fin de la même année. Ce prélat mourut au mois de septembre 1454; inhumé devant le maître-autel.

(Pierre de Treignac, près d'Auxerre est dit évêque de Tulle en février 1453.)

XVIII. — LOUIS D'AUBUSSON, frère de Hugues, était aussi moine de l'ordre de Saint-Benoît. Il fut d'abord élu évêque d'Aleth, puis de Tulle (1); mais il eut un compétiteur dans la personne de Guichard de Comborn, abbé d'Uzerche, qui renonça à ses droits moyennant une pension de 300 livres, après avoir été débouté par l'official de Bourges le 2 mai 1458, et par Calixte III le 27 décembre de la même année. Louis mourut en 1471, et fut inhumé dans son église cathédrale.

XIX. — DENYS DE BAR, issu d'une ancienne maison, était fils de Jean de Bar, seigneur de Baugy en Berry, et conseiller des rois Charles VII et Louis XI. Il fut d'abord chanoine de Bourges, puis archidiacre de Narbonne et protonotaire apostolique. Paul II le plaça sur le siége de Saint-Papoul. Denys, favorisé de la recommandation du roi, fut transféré à Tulle, où il fit son entrée le 25 mars 1472. Il eut pour compétiteur, jusqu'en 1487, Géraud de Maumont ou de Naymont, élu par une partie des moines. Ce prélat retourna à sa première église en 1495, et mourut en 1517. Il fut inhumé à Bourges chez les dominicains. Son épitaphe est renfermée dans six vers latins : elle fait l'éloge de la noblesse de son origine, de ses talents et de ses vertus. On garde dans la bibliothèque des augustins du faubourg Saint-Germain, à Paris, un ouvrage manuscrit de cet évêque en faveur de l'astrologie judiciaire intitulé : *De astronomicorum professorum epitoma*. Baluze en rapporte quelques morceaux dans son Histoire de Tulle. Bertrand de Saint-Chamant et les habitants de Tulle fondèrent,

(1) Les continuateurs du Gallia Christiana, T. VI, p. 279, soupçonnent qu'il est le même que celui qui fut élu évêque de Tulle étant prieur de Mortagne. Denys de Sainte-Marthe, T. II, page 672, ne dit point que Louis ait été élu évêque d'Aleth. Les continuateurs rapportent cette dernière élection au 2 décembre 1454. Louis fut élu évêque de Tulle au mois de septembre, selon Denys de Sainte-Marthe; mais nous croyons qu'il le fut plus tard, puisque Hugues ne mourut que vers la fin de septembre.

en 1491, un couvent de frères mineurs qui fut donné aux récollets dans le XVIe siècle.

XX. — CLÉMENT DE BRILLAC, fils de Gui, seigneur de Brillac, et de Marthe de Pompadour, curé de Brillac, prieur d'Aureil, fut transféré du siège de Saint-Papoul à celui de Tulle en 1495. Il rebâtit le palais épiscopal, et mourut en 1515, étant aussi abbé de Lesterps, où il fut inhumé. De son temps, Léon X sécularisa le chapitre par une bulle du 26 septembre 1514, fulminée, le 2 novembre 1516, par l'évêque de Saint-Flour, l'abbé de Meymac, et l'archidiacre de Lectoure.

XXI. — FRANÇOIS DE LÉVI, abbé d'Obazine et de La Valette, prieur de Saint-Angel, était fils de Louis, comte de La Voûte, et de Blanche de Ventadour : il fut nommé évêque en 1515. Il eut, pendant quelque temps, pour compétiteur Gilles de La Tour, des vicomtes de Turenne; mais, nonobstant les prétentions de ce dernier, l'archevêque de Bourges confirma François, qui mourut à Bordeaux au mois de décembre 1535.

XXII. — JACQUES AMELIN, secrétaire, aumônier et confesseur du roi François Ier, prit possession le 9 mai 1536, et mourut, en 1539, à Sens, où il est enterré chez les franciscains. Ce prélat avait été abbé de Bocherville et chanoine de la Sainte-Chapelle de Paris.

XXIII. — PIERRE DU CHASTEL naquit à Arc-en-Barois (1) en Bourgogne, d'une famille noble. Après avoir étudié et régenté à Dijon, il voyagea en Allemagne, et s'arrêta à Bâle, où il se concilia l'estime et l'amitié d'Érasme, qui le fit correcteur de l'imprimerie du célèbre Froben : quoique digne, par sa capacité, d'un emploi très-honorable alors, il ne le conserva pas long-temps, et revint en France. Le désir d'étendre ses connaissances le conduisit en Italie et dans la Grèce. Partout il parut en savant, et s'acquit une grande réputation. Aussi recommandable par sa probité que par son érudition, il mérita de parvenir aux premières dignités de l'Église. François Ier le fit d'abord son lecteur et son bibliothécaire, chanoine de la Sainte-Chapelle de Paris, puis évêque de Tulle en 1539. Il fut pourvu de l'évêché de Macon en 1544, devint grand-aumônier de France en 1548, passa au siège d'Orléans, et mourut (2), dans cette dernière ville, le 3 février 1552, d'une attaque d'apoplexie qu'il avait eue la veille en prêchant la parole de Dieu. Le chancelier de Lhopital a célébré une mort aussi glorieuse. On peut dire à son occasion : *Decet stantem imperatorem mori.* Pierre du Chastel était très-versé dans les langues orientales, et prêchait avec éloquence. On a de lui quelques ouvrages, et, entre autres, deux oraisons funèbres de François Ier. Baluze les a publiées en 1674, avec la Vie de ce docte prélat, composée par Pierre Galand.

XXIV. — FRANÇOIS DE FAUCON, issu d'une ancienne maison originaire de Florence, était chanoine de la Sainte-Chapelle de Paris lorsqu'il devint évêque de Tulle en 1544. Il posséda successivement les sièges d'Orléans, de Macon et de Carcassonne. Ce prélat fut aussi abbé de Hautvilliers, de Notre-Dame de Belleperche, etc. Il passa à l'évêché d'Orléans le 20 octobre 1550, et mourut, en 1565, à Carcassonne, où il est inhumé dans la cathédrale.

XXV. — JEAN DE FONSEC (3) ou Fonsèque, fils d'Edme, baron de Surgères, et d'Hardouine de Laval, obtint cet évêché en 1553 ; mais il ne fut point sacré. Benoît de La Roue, professeur en théologie et évêque *in partibus*, exerça pour lui les fonctions épiscopales. Jean devint abbé de Saint-Martial, et se démit du siège de Tulle.

(1) Et non pas à Archy, comme le disent les biographes.
(2) Il ne mourut pas en prêchant, comme le disent aussi les biographes et Denys de Sainte-Marthe.
(3) Il est aussi appelé de Fronsac; mais son véritable nom est Fonseca. Rodrigue, gentilhomme espagnol, était son grand-père.

XXVI. — Louis II Ricard de Gourdon de Genouillac de Vaillac, fils de Jean, et de Marguerite d'Aubusson, abbé de Saint-Romain de Blaye, de Saint-Martial, de Saint-Lô, prieur de Faye, nommé évêque de Tulle en 1560, y fit son entrée le 1er juin de l'année suivante. Il assista au colloque de Poissy et au concile de Trente. Ce prélat eut pour vicaire général Pierre de Sedière, abbé de Tourtoirac, en 1564, et mourut dans un âge fort avancé, en 1583, près de Blaye. Son corps fut inhumé dans l'église de Vaillac.

XXVII. — Flotard, frère de Louis, était doyen de Tulle lorsqu'il en devint évêque vers l'an 1583. Il mourut au mois de mars 1586. De son temps, cette ville fut prise par le vicomte de Turenne.

XXVIII. — Antoine de La Tour, doyen, nommé évêque au mois d'avril 1587, fut sacré à Bordeaux, le 4 septembre 1588, par Arnaud de Pontac, évêque de Bazas. Il se démit en 1594, et mourut en 1595, âgé de 80 ans. On l'inhuma à Rocamadour. De son temps, les récollets prirent possession du couvent des frères mineurs de Tulle.

XXIX. — Jean de Visandon, né à Ludon dans le diocèse de Bordeaux, nommé le 18 octobre 1594, sur la démission du précédent, ne fut point sacré et n'eut point de bulles.

XXX. — Jean Ricard de Genouillac de Vaillac, fils de Louis, chevalier des ordres du roi, et d'Anne de Montheron, fut nommé évêque de Tulle le 9 octobre 1600, à l'âge de 26 ans; obtint par résignation le prieuré de Jaranges au diocèse de Limoges en 1600. Il assista à l'assemblée du clergé de France en 1603, et à celle des États du royaume en 1614. Jean mourut le 13 janvier 1652. De son temps, il s'établit plusieurs communautés religieuses dans le diocèse.

XXXI. — Louis III de Rechignevoisin de Guron, noble poitevin, fut sacré à Bordeaux, dans l'église des Carmélites, le 1er novembre 1653, par l'archevêque de Bazas, assisté des évêques d'Aire et d'Angoulême. Il fit des ordonnances synodales, et publia, en 1658, la condamnation du livre intitulé : *Apologie pour les casuistes*. Ce prélat passa à l'évêché de Cominges en 1671, où il mourut en 1693.

XXXII. — Jules Mascaron, né à Marseille, prêtre de l'Oratoire, célèbre prédicateur, nommé à l'évêché de Tulle le 5 janvier 1671, sacré à Paris par l'évêque de cette ville, dans l'église de Saint-Magloire, le 8 mai suivant, fut transféré à Agen en 1679, et mourut en 1703. De son temps, on bâtit à Tulle un hôpital et un séminaire.

XXXIII. — Humbert Ancelin, fils de la nourrice de Louis XIV, était aumônier de la reine et abbé de Marsillac lorsqu'il fut nommé à l'évêché de Tulle le 4 octobre 1680. Il se démit en 1702, et obtint l'abbaye du Ham. Ce prélat mourut à Paris le 27 juin 1720.

XXXIV. — André-Daniel de Beaupoil de Saint-Aulaire, fils de Daniel et de Guyonne-Angélique de Chauvigny de Blot, vicaire général de Périgueux, fut nommé le 18 avril 1702, se démit en 1720, et se retira chez les missionnaires de Périgueux, où il mourut le 18 novembre 1734, et y est inhumé.

XXXV. — Louis-Jacques de Chapt de Rastignac, nommé le 29 décembre 1720, fut sacré dans l'église des jésuites de Luçon le 1er janvier 1722. Il passa au siège de Tours en 1723, et mourut le 2 août 1750, âgé de 67 ans environ; est enterré à Saint-Gatien.

XXXVI. — Charles du Plessis d'Argentré, d'une très-noble et très-ancienne famille de Bretagne, était fils d'Alexis du Plessis, seigneur d'Argentré (1), et de Marguerite de Tanoarn. Il naquit au château du Plessis, diocèse de Rennes, le 16 mai 1673. Menacé de perdre la vie en recevant le jour, il fut ondoyé dès l'instant de sa naissance. On lui suppléa les cérémonies du baptême le 17 janvier 1674. Son parrain fut Charles, duc de La Trémoille, pair de France, et sa marraine, Françoise de Bréhand. La vocation du jeune d'Argentré à l'état ecclésiastique ne tarda pas à se décider. Il reçut la tonsure cléricale en 1689. Le séminaire de Saint-Sulpice de Paris fut l'école où il se forma à la science et aux vertus de son état. Après avoir pris le degré de bachelier en théologie, il ambitionna l'avantage d'être membre de la société de Sorbonne. Ses mœurs, ses talents, son application, étaient des titres qui lui assuraient tous les suffrages. Il fut admis en 1698, et s'empressa de choisir sa demeure parmi ses nouveaux confrères, dont il ne se sépara que lors de son sacre. Ses succès en licence répondirent à la haute idée qu'on avait conçue de lui. Ayant reçu le bonnet de docteur le 29 mars 1700, il entreprit le voyage de Rome, moins par esprit de curiosité que de dévotion. Clément XI, dont il vit le couronnement, lui donna des témoignages de bienveillance. Le roi lui avait accordé l'abbaye de Guingamp dès le 24 novembre 1699; le duc de La Trémoille le nomma au doyenné de Laval en 1702, et l'évêque de Tréguier le fit son grand-vicaire en 1707; il devint aumônier du roi en 1709, et fut le premier qui n'acheta point cette place. Nommé à l'évêché de Tulle le 26 octobre 1723 (2), il reçut l'onction épiscopale, dans la chapelle du séminaire de Saint-Sulpice, des mains de l'archevêque de Toulouse, assisté des évêques de Vence et de Bazas. La province de Bourges le députa, la même année, à l'assemblée générale du clergé. Il mourut le 27 octobre 1740; on l'inhuma, le 29, dans la chapelle de son séminaire, ainsi qu'il l'avait demandé. Son oraison funèbre fut prononcée dans l'église cathédrale, le 15 novembre, par le P. Joseph Gentrac, recteur du collège, de la compagnie de Jésus. M. d'Argentré eut toutes les vertus propres au caractère épiscopal : zélé pour la discipline ecclésiastique, il la maintint plus encore par ses exemples et ses instructions que par son autorité. Il établit des retraites pour ses prêtres, et visita tous les ans une partie de son diocèse. Attentif à remédier aux abus et à réprimer les scandales, il sut allier la sévérité de son ministère avec l'esprit de douceur et de charité. Quoique dominé par la passion de l'étude, il ne négligea jamais ce qui pouvait contribuer au plus grand bien du troupeau que la Providence lui avait confié. Ses immenses travaux théologiques ne dérobèrent rien à sa sollicitude pastorale. A le voir assidu au tribunal de la pénitence, visitant les malades, assistant les moribonds, rompant le pain de la parole dans la ville et dans la campagne, on eût dit qu'il avait le talent de se multiplier. Personne ne posséda mieux que lui l'art précieux de mettre à profit tous les instants : ceux qu'il n'employait pas à l'étude ou à l'instruction de ses diocésains et à leur édification, il les donnait au soulagement des malheureux. Que d'infortunés trouvèrent dans lui un père et un libérateur ! Que d'indigents éprouvèrent sa bienfaisance ! Il chérissait comme ses frères et ses semblables les membres souffrants de Jésus-Christ. Chaque vendredi de l'année, il faisait manger à sa table un pauvre de l'hôpital : à ce trait édifiant, qui pourrait méconnaître le caractère de la charité et de l'humilité chrétiennes? Ce ne furent pas les seules vertus qui distinguèrent M. d'Argentré : quelle pureté dans ses mœurs! quelle droiture! quelle simplicité! quelle tempérance! En un mot, le Ciel le favorisa de toutes les qualités que l'Apôtre demande dans un évêque. Sa mort excita les plus vifs et les plus justes regrets. Le diocèse de

(1) Il fut, pendant trente ans, doyen de la noblesse des États de Bretagne.
(2) M. du Mabaret, auteur d'un Éloge de M. d'Argentré, croit qu'il fut nommé confesseur de Louis XV, et que sa nomination fut révoquée presque aussitôt.

Tulle conservera à jamais la mémoire de ce prélat pour le chérir et la respecter.

M. d'Argentré a laissé dans ses ouvrages des monuments de son application et de ses connaissances. On a de lui : 1° une *Analyse de la foi divine*, avec un Traité de l'Église : à Lyon, 1699, 2 vol. in-12. 2° *Elementa theologica in quibus de auctoritate ac pondere cujuslibet argumenti theologici diligenter et accurate disputatur; cum appendice de auctoritate Ecclesiæ in condemnandis hæreticis et perversis quibuscumque scriptis;* à Paris, 1702, in-4. Il y a dans cet ouvrage quelques sentiments qui ont déplu, comme on le voit par un écrit imprimé, de 8 pages in-12, intitulé : *Mercuriale à M. d'Argentré, ou Extrait d'une lettre écrite de Paris le 27 décembre 1702 :* c'est le précis d'une conversation que M. Le Tellier, archevêque de Reims, eut avec M. d'Argentré sur ces Éléments de théologie. 3° *Appendix posterior ad elementa theologica in quæstionem de auctoritate Ecclesiæ,* etc.; à Paris, 1705, in-4. 4° *Lexicon philosophicum;* à La Haje, 1706, in-4. 5° *De supernaturalitate, seu de propria ratione qua res supernaturales a rebus naturalibus differunt;* à Paris, 1707, in-4. 6° Une édition de la Théologie de Martin Grandin, docteur et professeur de Sorbonne, en six volumes in-4. Les cinq premiers parurent en 1710, et le sixième en 1712. On trouve parmi les œuvres de Martin Grandin plusieurs ouvrages de M. d'Argentré; savoir : *De prædestinatione ad gloriam et reprobatione commentarius historicus;* ad calcem tomi III : *De voluntate divina antecedente et consequente salvandi homines veterum ac recentiorum testimonia,* ibidem. *Index manuscriptus commentariorum de rebus theologiæ a quibusdam priscis interpretibus magistri sententiarum conscriptorum;* ad calcem tomi VI oper. Grandini, an. 1712. *De contritione et attritione scholasticorum doctorum sententiæ,* ibidem. *De propria efficientia sacramentorum novæ legis,* ibidem. *Sententia sancti Bernardi de ablutione pedum a Christo instituta,* ibidem. *Sententia dictorum S. Hilarii de Christi doloribus,* ibidem. *De Honorio papa,* ibidem. *Animadversiones in analysim Holdeni,* ibidem. 7° *De numine Dei ut rerum omnium effectoris,* etc., in-4; Paris, 1720 8° *Collectio effatorum divinæ Scripturæ, quibus mysteria fidei catholicæ et dogmata explicantur contrariique errores refelluntur,* in-4; Paris, 1725. 9° *Collectio judiciorum de novis erroribus qui ab initio XII sæculi ad annum 1725 in Ecclesia proscripti sunt et notati,* in-fol., tom. I; Paris, 1725; tom. II, 1733; tom. III, 1736. 10° *Theses philosophicæ et theologicæ, tum in amorem generatim sumptum, tum in amorem divinum, ac spem theologicam,* in-12. 11° *Oraisons et prières tirées mot à mot de l'Écriture-Sainte,* in-24; Paris, 1726. 12° *Explication de l'Oraison dominicale,* in-12. 13° *Remarques sur la traduction de l'Écriture-Sainte, par M. de Sacy,* in-12; Paris. 14° *Lettre et instruction pastorale sur la juridiction qui appartient à la hiérarchie de l'Église,* du 25 août 1731, in-4. 15° *Dissertation dans laquelle on explique en quel sens on peut dire qu'un jugement de l'Église catholique qui condamne plusieurs propositions de quelque écrit dogmatique est une règle de foi,* etc., in-12; Tulle, 1733. 16° *Explication des sacrements de l'Église institués par Notre-Seigneur Jésus-Christ,* 3 volumes in-12; Tulle, 1734; avec un *Sermon sur le sacrifice non sanglant du corps et du sang de Jésus-Christ sous les espèces du pain et du vin,* à la fin du tome II. 17° *Méthode de l'oraison mentale,* in-12; Tulle, 1735. 18° *Explication de la prémotion physique,* in-4; Tulle, 1737. 19° *Mandement sur la dévotion au sacré Cœur de Jésus,* in-4; Tulle, 1738. 20° Trois sermons : 1° *Sur les grandeurs de Dieu;* 2° *Sur les grandeurs de Notre-Seigneur;* 3° *Sur la vérité de la religion chrétienne,* in-12; Tulle, 1739.

Lorsque M. d'Argentré mourut, il était sur le point de faire imprimer un grand ouvrage intitulé : *Theologia de divinis litteris expressa.* — V. l'Éloge de ce prélat par M. du Mabaret, curé de Saint-Michel de la ville de Saint-Léonard, imprimé dans les Mémoires de Trévoux, février 1743, art. 9, page 223 et suiv. L'auteur de son Éloge n'a pas connu un ouvrage de M. d'Argentré imprimé sans nom d'auteur dès 1698, in-8, à Amsterdam, sous ce titre : *Apologie de l'amour qui nous fait désirer véritablement de posséder Dieu seul par le motif de trouver notre bonheur dans sa connaissance et son amour; avec des remarques sur les principes et les maximes que M. de Cambrai établit sur l'amour de Dieu dans son livre de l'Explication des maximes des saints.* M. d'Argentré avait composé et fait imprimer un long mandement latin sur la constitution *Unigenitus;* mais il le supprima par l'avis de ses amis. L'ouvrage le plus considérable de M. de Tulle, et le plus utile sans contredit, est sa grande *Collection des divers jugements ou condamnations portés contre les nouvelles erreurs :* il aurait été seulement à souhaiter qu'il eût été imprimé avec plus de goût.

XXXVII. — François de Beaumont d'Autichamp, nommé en 1740, sacré le 11 juin 1741, refusa l'évêché de Senlis en 1754, et mourut dans son diocèse, le 20 novembre 1761, âgé de soixante-dix ans. Ce prélat possédait, avec son évêché, l'abbaye de La Victoire.

XXXVIII. — Nicolas-Bonaventure Thierry, chanoine, chancelier de l'Église et de l'université de Paris, docteur de la maison et société de Sorbonne et ancien professeur de théologie, abbé de Chézy, nommé par le roi à l'évêché de Tulle au mois de décembre 1761, s'est démis sans être sacré.

XXXIX. — Henri-Joseph-Claude de Bourdeilles, né le 7 décembre 1720, était abbé de la Trinité de Vendôme et vicaire général de Périgueux lorsqu'il a été nommé à l'évêché de Tulle au mois de mai 1762. Il a été sacré le 12 décembre de la même année, et transféré à Soissons au mois d'août 1764.

XL. — Charles-Joseph Marius de Rafélis de Saint-Sauveur, né dans le diocèse d'Orange en 1725, était archidiacre dans l'église d'Amiens, vicaire général de ce diocèse et abbé d'Orbestier lorsque le roi le nomma à l'évêché de Tulle en 1764. Il a été sacré le 27 janvier 1765.

DICTIONNAIRE
GÉOGRAPHIQUE
DE LA MARCHE ET DU LIMOUSIN.

A.

* ABBAYES, MONASTÈRES, COMMUNAUTÉS. Dès les premiers siècles de l'Église, même avant la fin des persécutions qui les affligèrent, des âmes ferventes recherchèrent la solitude pour y vivre plus près de Dieu en se sanctifiant par la prière et par le travail. Cet attrait peupla les déserts de la Haute-Égypte. L'invasion des barbares, la décadence de l'Empire, l'apparence de dissolution et de mort que présentait la société antique, jetaient partout une ombre de tristesse; tout favorisait ce mouvement vers la solitude. Autour des cénobites que leur sainteté signalait aux foules se groupèrent de nombreux disciples. Telle fut l'origine des monastères : sous un toit commun, on y retrouvait la solitude dans le silence, dans le travail, l'obéissance et la mortification. Le chef de ces réunions, devenues bientôt considérables, reçut le nom d'*abbé*, d'un mot syriaque emprunté à l'Écriture, et qui signifie *père*.

Les monastères poursuivaient un but commun à travers une grande diversité de règles plus dissemblables par la forme que par le fond. Le terme générique d'*abbaye* changea à mesure que les institutions qui les régissaient se modifièrent.

Les religieux groupés autour des cathédrales ou des églises importantes pour le service public d'une prière solennelle et perpétuelle furent nommés *chanoines*, c'est-à-dire hommes réguliers ou assujettis à une règle. Peu à peu à la vie en commun des premiers chanoines succéda la vie indépendante, et ces institutions prirent le nom de *collégiales*. Le chef des chanoines s'appelait quelquefois prévôt (*præpositus*), préposé, placé à la tête d'une assemblée. Ailleurs la préséance plutôt que l'autorité appartient à un dignitaire du chapitre, au doyen ou au chantre. Au Dorat, à Saint-Martial, à Userche, malgré la sécularisation de ces trois monastères, jusqu'en 1790, le supérieur des chanoines garda le nom des temps anciens, et fut appelé abbé.

D'autres monastères demeurèrent dans les conditions de leur constitution primitive. Les plus importants eurent pour chef un abbé élu pour un temps ou pour la vie. En dernier lieu, ce titre était une concession romaine, et diverses prérogatives honorifiques, telles que les droits de crosse, de mitre et d'anneau, y furent souvent attachées. Les communautés moins nombreuses, ou subordonnées à des établissements plus importants, avaient à leur tête un prieur (*prior*, le premier d'un petit nombre) ou un *prévôt*. En plusieurs ordres religieux institués au XIIIe siècle sous l'influence d'une vive ferveur, le titre d'abbé était inconnu, quoique les religieux s'appelassent du nom de frères. Les vingt et un premiers supérieurs de l'ordre important de Grandmont gardèrent le titre modeste de prieur. Les petits monastères du même ordre portaient le nom de *celles*. Dans les ordres religieux militaires, les chefs prenaient des titres qui rappelaient le commandement et la hiérarchie des guerres orientales : les maisons de Malte s'appelaient communément *commanderies*; celles des templiers portaient le nom d'*hospices*, en mémoire des secours donnés aux pèlerins du Saint-Sépulcre.

En diverses époques, et principalement à partir du xvi⁰ siècle, des changements ou réformes destinés à ranimer la ferveur de l'institution primitive s'accomplirent dans la plupart des ordres religieux; ces branches, implantées ou greffées sur l'arbre monastique, reçurent le nom de *congrégations*, de *communautés*. Les mêmes noms furent réservés à la plupart des associations religieuses qui s'établirent dans les temps modernes.

Les ordres religieux les plus anciens étaient presque tous agricoles. Le travail dévoué d'hommes qui y voyaient un moyen de servir Dieu et de gagner le Ciel fertilisa les solitudes les plus arides. Quelque parti qu'on prenne en économie politique, il faut bien reconnaître que l'accroissement du capital doit résulter du travail le plus productif associé à la moins grande consommation possible. L'activité et l'austérité des moines eurent donc pour résultat d'accroître rapidement les richesses territoriales des monastères. Beaucoup de moines, en prenant l'habit religieux, se donnaient corps et biens à leur nouvel asile. D'autre part, les dons faits aux maisons pauvres étaient considérés comme une aumône agréable à Dieu, comme l'expiation des crimes trop nombreux dans les âges de troubles. Les richesses monastiques s'accrûrent par ces deux sources, et, presque dès l'origine, elles excitèrent la cupidité du pouvoir civil. Charles Martel distribuait les monastères à ses capitaines. A sa suite, les princes l'imitèrent de loin en loin, et François I⁰ʳ eut le triste honneur de régulariser cet abus en le généralisant. Presque toutes les abbayes furent mises en commende, c'est-à-dire livrées à des titulaires non résidants, trop souvent laïques, qui trouvaient dans leurs revenus le moyen de faire figure dans le monde et à la cour. Cet abus amena la ruine de la vie monastique. Les maisons demeuraient sans autorité et sans direction supérieure. L'entretien des bâtiments et la nourriture des moines étant à la charge du commendataire, il s'affranchissait le plus possible de cette double obligation en laissant tomber les édifices, et en restreignant le nombre des novices. Que de faits nous pourrions citer si nous écrivions l'histoire des monastères ! Quels exemples donnés, même à distance, par des hommes qui souvent n'avaient d'abbé que le revenu ! Ici, à Obazine, le commendataire démolit, au xviii⁰ siècle, la moitié de l'église, trop dispendieuse à conserver dans son étendue; ailleurs, à Bonlieu, un de ces prétendus abbés renonce pour se marier au titre qu'il tenait de son frère : heureux encore si tous les commendataires ayaient eu sa franchise et sa générosité ! Sous la pression de ces bénéficiers, dès le milieu du xviii⁰ siècle et avant, la cour, en faisant renvoyer les novices du plus grand nombre des établissements, préparait la ruine qui devait se consommer à la révolution.

Nous allons donner le tableau complet des établissements monastiques du Limousin à diverses époques. On voudra bien se rappeler qu'à l'origine il n'y eut que des monastères. Quelques-uns ont disparu en ne laissant dans l'histoire que des souvenirs vagues; d'autres, en se sécularisant, formèrent des collégiales; les plus riches, tout en retenant la vie monastique, furent livrés à des commendataires; enfin d'autres communautés religieuses, sous des noms plus modestes, échappèrent à ces dangers. Dans les tableaux suivants, nous donnons : 1° la liste des plus anciens monastères du Limousin; 2° la liste des collégiales, avec le titre porté par le premier dignitaire et le nombre des chanoines; 3° les abbayes en commende, avec le chiffre du revenu dont jouissait le titulaire; 4° une dernière liste fait connaître le nombre des communautés religieuses du Limousin en 1259, en 1759 et en 1859. Ce rapprochement est assez instructif.

I.

ANCIENS MONASTÈRES DU LIMOUSIN.

Saint-Martial de Limoges.
Saint-André de Limoges.
Saint-Augustin de Limoges, fondé par Rurice II vers 547.
Saint-Michel-de-Pistorie, 550.
Attanum, Saint-Yrieix, fondé en 572.
Le Dorat, vi⁰ siècle ?
Saint-Paul de Limoges, 580.
Ambaciacum, Ambiacinum, Ambazac, connu dès 613.
Le Vigeois.
La Règle, vii⁰ siècle.
Saint-Martin-lez-Limoges, vii⁰ siècle.
Solignac, 631.
Tulle, vii⁰ siècle.
Comodoliacum, Saint-Junien, vii⁰ siècle.
Userche, vii⁰ siècle.
Guéret, viii⁰ siècle.

II. COLLÉGIALES.

Lieu.	Premier dignitaire.	Nombre de chanoines.
Aubusson	Prévôt	12
Brive	Prieur	13
Eymoutiers	Prévôt	13
La Chapelle – Taillefer, transférée à Guéret	Doyen	13
Le Dorat	Abbé	18
Noailles	Doyen-curé	6
Saint-Germain	Doyen	13
Saint-Junien	Prévôt	18
Saint-Léonard	Prieur	10
Saint-Martial	Abbé	21
Saint-Yrieix	Doyen	12
Tulle	Doyen	16
Turenne	Prieur	6
Userche	Abbé	10

III. ABBAYES DES DIOCÈSES DE LIMOGES ET DE TULLE.

ABBAYES D'HOMMES.

Nom.	Ordre.	Revenu.
Ahun	Augustins	3,000 liv.
N.-D. d'Aubepierre	Cisterciens	3,000
Beaulieu	Bénédictins	4,000
Bénévent	Augustins	10,000
N.-D. de Beuil	Cisterciens	1,100
N.-D. de Bonnaigue	Cisterciens	8,000
N.-D. de Bonlieu	Cisterciens	2,400
Grandmont	Grandmontains	
Le Dorat	Sécularisée	3,000
Lesterps	Augustins	2,000
Meymac	Bénédictins	2,000
N.-D. de Dalon	Cisterciens	1,500
N.-D. de La Colombe	Cisterciens	2,000
N.-D. du Palais	Cisterciens	1,400
N.-D. d'Obazine	Cisterciens	10,200
N.-D. de Prébenoît	Cisterciens	900
N.-D. de La Valette	Cisterciens	3,000
Saint-Augustin-lez-Limoges	Bénédictins	3,000
Saint-Martial	Sécularisée	5,200
Saint-Martin-lez-Limoges	Feuillants	5,000
Solignac	Bénédictins	2,300
Vigeois	Bénédictins	3,000
Userche	Sécularisée	6,000

ABBAYES DE FILLES.

Les Allois	Bénédictines	2,000
Bonnesaigne	Bénédictines	4,000
N.-D. de la Règle	Bénédictines	14,000

IV. COMMUNAUTÉS RELIGIEUSES DU LIMOUSIN EN 1259, EN 1759 ET EN 1859.

1° 1259.

Maisons de L'Artige.

Nom.	Paroisse.
L'Artige-Vieille	Saint-Léonard.
Vénes	Bussière-Dunoise.
Vaux	Auriac.
Champcontaud	Fromental.
La Mazelle	Beaune.
Marrimoulet	Saint-Hilaire-la-Treille.
Menussac	Jouac.
Darnets	Saint-Pardoux-les-Darnets.
Montlaron	Saint-Julien-le-Petit.
Auren	Bussière-Galand.
Claire-Faye	Séreilhac.
Bonnefon	Yssandon.
La Gorce	Donzenac.
L'Artigette	Salon.
La Oulière	Ussac
Chantegreu.	
Royrette	Saint-Hilaire-Bonneval.
Fondadouze	Saint-Paul.
Maradener	Végènes.

Maisons de l'ordre de Grandmont du diocèse de Limoges.

Nom.	Paroisse.
Le Chatenet	Feytiac.
Bronzeau	Saint-Léger-Magnazeix.
Rosset	Vaulry.
Étricor	Étagnac.
Sermur	Les Cars ou Flayignac.
L'Escluse	Les Églises-du-Doignon.
Épaigne	Sauviat.
Trezen	Les Billanges.
Bonneval-de-Montuclar	Soudeilles.
Boisvert	Bujaleuf.
Prourières	Montgibaud.
Le Cluseau	Meuzac.
Plagne	Peyzac.
Malegorce	Saint-Martin-Sept-Pers.
Chargnac	Saint-Cyr-la-Roche.
Puygibert	Larche.
Balazis	Isle.
Muret	Ambazac.
Loubert ou Bonhomie.	
Jayac	Gouzon.
Badeix	Saint-Étienne-le-Droux.
Bonneval de Serre	Sussac.

Autres communautés d'hommes en 1259.

Saint-Martial, à Limoges.	Beaulieu.
Saint-Augustin, id.	Saint-Angel.
Saint-Martin, id.	Chambon.
Solignac.	Ahun.
Meymac.	Tulle.

Cisterciens.

Aubepierre.	Obazine.
Beuil.	Bonnaigue.
Bonlieu.	Prébenoît.
Dalon.	La Colombe.
Le Palais.	

Chartreux.

Glaudiers (1).

Dominicains ou jacobins.

Limoges.

Cordeliers.

Limoges.	Donzenac.
Brive.	Saint-Junien.

Commanderies du Temple ou de Saint-Jean de Jérusalem.

Bellechassaigne.	Maisonnisses.
Blaudeix.	Malleret.
Chambereau.	Maschet.
Champeau.	Morterol.
Charrières.	Nabeyro.
Chiroux.	Palisses.
La Croix-aux-Baux.	Paulhac.
Vieux-Bost-de-Droux.	Plantadis.
Feniers.	Le Temple-d'Ayen.
Hern.	La Vinadière.
Chiroux.	Vivier.
La Vaufranche.	

Communautés de filles en 1259.

La Règle, abbaye.	Surdoux.
Brignac.	Tollet.
Bussière-Boffy.	Vars.
Chamboret.	Voulon.
Champagnac-de-Gorre.	Bonnesaigne, abbaye.
Chalard.	Menoire.
Chiers.	Combressol.
Cluseau.	Moussac.
Saint-Domnolet.	Saint-Jean-de-Peschadoire.
Eyren.	Villevaleix.
Saint-Yrieix-sous-Taine.	Courcelles ou Carcelles.
Mathareux.	Garenia.
Mongerie.	La Rebière.
Montjarjan.	La Griffoulière.
Nouic.	Les Alloîs, abbaye.
Plantadis.	La Boulonie.
Savignac.	La Ronze.
Seilhac.	Valeix.
Soubrevas.	

Abbaye de Ligueil en Périgord.

Gajoubert.	Margondet.
Hautes-Mesures.	Montégut-le-Noir.

Ordre de Saint-Benoît.

La Drouille-Noire.	La Mongie ou Le Petit-Usurat.
Uzurat.	Montcalm.
Lourdoueix-Saint-Pierre.	

(1) Une autre chartreuse fut fondée à Mortemar avant 1335 par le cardinal Pierre ; mais elle n'eut pas une longue existence.

Ordre de Fontevrault.

Puy-Saint-Jean ou Ajars.	Villandri.
Pontchaulet.	Combas.
Blessac.	Dournet.
Fougères.	Fougères.
Viges.	Vacqueur dépend. de Montazan.
Le Trucq.	Lanassac dépend. de Villesalem.
Arfeuilhe.	Savènes dépendant de Cubas.
Font-Fène.	Boubon.
Parsac.	

Ordre de Citeaux.

Coyroux.	Dersses.

Ordre de Malte.

Curemonte.	La Vinadière.

Ordre de Grandmont.

De Albis-Petris.	La Drouille-Blanche.

Ordre inconnu.

Hernil.

Ordre de Sainte-Claire.

Sœurs de St-Damien, à Brive.

Le manuscrit 5452 de la Bibliothèque Impériale ajoute :

La Colbertia.	Lasnias.
Perier.	Baumier.
Lanau.	Montégut ou le Petit-Fougeirat.
Galdalmar.	Blaom.

2° 1759.

Communautés d'hommes.

Chanoines réguliers de Sainte-Geneviève.

Limoges, 1637.	Évaux, 1634.
Lesterps, 1657.	

Bénédictins de la congrégation de Saint-Maur.

Limoges, 1617.	Beaulieu, 1663.
Solignac, 1619.	Meymac, 1669.
Saint-Angel, 1657.	

Clunistes.

Moutier-d'Ahun, 1630.	Chambon, 1708.

Cisterciens ou bernardins.

Dalon, 1114.	Obazine, 1145.
Bonlieu, 1121.	La Colombe, 1146.
Bonnaigue, 1121.	Aubepierre, 1149.
Beuil, 1123.	Le Palais, 1162.
Prébenoît, 1140.	

Feuillants.

Limoges, 1622.	Tulle.

ABB

Grandmontains.

Grandmont, 1124.

Chartreux.

Glandiers, 1218.

Dominicains.

Limoges, 1219. Saint-Junien, 1310.
Brive, 1261. Rochechouard, 1630.

Grands-Carmes.

Limoges, 1260. Mortemar, 1335.

Carmes-Déchaussés.

Limoges, 1623. Tulle.

Augustins.

Limoges, 1269. Mortemar, 1335.

Cordeliers.

Limoges, 1224. Boisferu, 1396.
Brive, 1227. La Cellette, 1448.
Saint-Junien, 1252. Saint-Projet, 1489.
Nontron, 1267.

Récollets.

Limoges (deux maisons). Brive, 1613.
Saint-Léonard, 1594. Aubusson, 1614.
Saint-Junien, 1598. Guéret, 1616.
Ussel, 1604. Confolens, 1616.
Saint-Yrieix, 1613. Le Dorat, 1618.
Argentat. Tulle.

Capucins.

Turenne, 1644.

Minimes.

Bort.

Barnabites.

Guéret, 1699.

Doctrinaires.

Brive, 1607. Bellac, 1648.

Oratoriens.

Limoges, 1623.

Prêtres de Saint-Sulpice.

Limoges, 1662.

Missionnaires.

Limoges, 1659.

Commanderies.

Les mêmes que plus haut, p. 30.

ABB

Communautés de filles en 1750.

Ordre de Saint-Benoît.

La Règle, 1165. Les Allois, 1165.
Bonnesaigne, 1165. La Trinité, au Dorat, 1024.

Ordre de Cîteaux.

Coyroux, 1143. Tulle.

Ordre de Grandmont.

Le Chatenet, 1576. La Drouille-Blanche.

Ordre de Fontevrault.

Blessac, 1170. Boubon, 1119.

Visitation.

Limoges, 1643. Tulle.

Carmélites.

Limoges, 1618.

Sainte-Famille.

Limoges.

Union-Chrétienne.

Bellac, 1748.

Ursulines.

Limoges, 1620. Brive, 1608.
Eymoutiers, 1629. Beaulieu, 1632.
Ussel, 1636. Argentat.
Tulle.

Filles de Notre-Dame.

Limoges, 1634. Bort, 1702.
Saint-Junien, 1653. Saint-Léonard, 1652.

Filles de Sainte-Claire.

Limoges. Saint-Yrieix, 1625.
Nontron, 1625. Brive.
Argentat. Tulle.

Filles de l'Etroite-Observance.

Limoges, 1659.

Sœurs de la Providence-de-Saint-Joseph.

Limoges, 1654.

Sœurs de la Croix.

Limoges, 1687. Ahun, 1713.
Brigueil-l'Aîné. La Souterraine, 1694.
Bellac, 1746. Aubusson, 1700.
Chabanais, 1718. Guéret, 1722.

Hospitalières de Saint-Alexis.

Limoges, 1659. Beaulieu, 1751.
Saint-Junien, 1754. Saint-Yrieix.
La Souterraine, 1732. Turenne.

ABB

Sœurs de la Charité de Saint-Vincent-de-Paul.

Bénévent, 1678. Limoges, 1783.
Ussel.

Ordre de Saint-Dominique.

Magnac, 1710. Bourganeuf, 1738.

Sœurs de Lusignan.

Confolens, 1715. Eymoutiers.

Sœurs de Montoire.

Boussac, 1744.

Sœurs de Nevers.

Brive.

Sœurs de Riom.

Guéret.

Sœurs de la Sagesse.

Le Dorat. Meyssac, 1784.

Sœurs de Sainte-Marthe.

Nontron, 1771.

3° 1859.

Communautés d'hommes du diocèse de Limoges.

Prêtres de Saint-Sulpice.

Limoges. Tulle.

Oblats de l'Immaculée-Conception.

Limoges.

Franciscains.

Limoges.

Frères des Écoles chrétiennes.

Limoges. Felletin.
Bel lac. Saint-Yrieix.
Guéret. Saint-Léonard.
Aubusson. Auzances.
Bourganeuf. Eymoutiers.

Frères de Saint-Joseph du Mans.

La Souterraine (noviciat). Chalus.
Saint-Germain-les-Belles. Dun.
Le Dorat. Mainsat.

Frères du Sacré-Cœur du Paradis.

Nexon.

Communautés d'hommes du diocèse de Tulle.

Frères des Écoles chrétiennes.

Tulle. Brive.

ABB

Ussel. Bort.
Meymac. Userche.

Frères du Sacré-Cœur.

Égletons. Meyssac.
Lubersac. Juillac.
Neuvic.

Frères de Saint-Viateur.

Sexcles.

Communautés de filles du diocèse de Limoges.

Sœurs de Saint-Alexis.

Limoges. Saint-Léonard.

Carmélites.

Limoges. Le Dorat

Clarisses.

Limoges.

Visitation.

Limoges.

Filles de Notre-Dame.

Limoges. Saint-Léonard.

Filles de la Providence.

Limoges. Guéret.

Sœurs de Saint-Vincent-de-Paul.

Paroisses de Saint-Pierre et Mainsat.
de Saint-Michel à Limoges. Rochechouard.
Aubusson.

Sœurs de Marie-Thérèse.

Limoges.

Sœurs de Nevers.

Maison des aliénés et pa- Bourganeuf.
roisse de Sainte-Marie à
Limoges.

Sœurs de la Croix.

Limoges. Pierre-Buffière.
Guéret. Magnac-Bourg.
Aubusson. Roussac.
Rougnat. Saint-Sulpice-le-Guérétois.
La Courtine. Saint-Paul.
Darnac. La Jonchère.
Bonnat. Vallières.

Religieuses du Verbe-Incarné.

Azerables. Évaux.
Saint-Yrieix. Chatelus.
Saint-Junien.

Religieuses du Sauveur.

La Souterraine. Chambon.
Aixe. Peyrat près Bellac.
Mézières. Ahun.
Rancon. Auzances.
Ambazac. Saint-Sulpice-Laurière.
Châteauponsac.

Petites sœurs du Sauveur.

Thiat.
Saint-Sornin-Leulac.
Balledent.
Saint-Sylvestre.
Dontreix.

Sœurs de Marie-Joseph.

Maison mère et petit-séminaire au Dorat.
Limoges.
Felletin.

Sœurs de Saint-Joseph.

Ajain.

Filles de la Sagesse.

Bellac.
Le Dorat.
Eymoutiers.

Sœurs de la Charité de Bourges.

Guéret.
Évaux.

Sœurs de Saint-Roch.

Felletin.
Aubusson.
Crocq.
Chénérailles.
Monteil-au-Vicomte.
Coussac-Bonneval.
Jarnages.

Religieuses de Saint-Dominique.

Magnac-Laval.

Sœurs de Brigueil.

Nouic.

Sœurs de la Présentation du Bourg-Saint-Andéol.

Saint-Pardoux-d'Arnet.

Sœurs de la Charité et de la Présentation de Tours.

Saint-Yrieix.
Saint-Priest-Ligoure.

Religieuses de l'Instruction de l'enfant Jésus.

Blon.
Nexon.
La Meize.
Jourgnac.
Saint-Denis-des-Murs.
Chalus.

Communautés de filles du diocèse de Tulle.

Carmélites.

Tulle.

Ursulines.

Tulle.
Brive.
Argentat.
Beaulieu.

Filles de Notre-Dame.

Ussel.

Filles de la Charité de Saint-Vincent-de-Paul.

Ussel.
Brive.
Égletons.

Sœurs de la Charité de Nevers.

Tulle.
Brive.
Beaulieu.
Donzenac.
Userche.
Meyssac.
Meymac.
Argentat.
Neuvic.
Corrèze.
Cornil.

Sœurs de la Providence.

Noailles.
Brive.
Servière.
Curemont.
Allassac.
Beaulieu.
Seilhac.
Saint-Salvadour.
Saint-Clément.
Chamboulive.
La Graulière.
Altillac.
Naves.
Saint-Robert.
Darnets.

Sœurs du Saint-Cœur de Marie.

Treignac.
Lubersac.
Juillac.

Sœurs du Sauveur.

Vigeois.
Turenne.

Sœurs du Bon-Pasteur.

Bort.

Sœurs de Saint-Joseph.

Saint-Julien-aux-Bois.
Auriac.
Goulles.
Hautefage.

Communautés de filles de la partie du diocèse de Limoges réunie à l'évêché d'Angoulême.

Sœurs de Notre-Dame-des-Anges.

Lesterps.

Sœurs de la Sagesse.

Confolens.

Sœurs de Sainte-Anne de la Providence.

Brigueil.
Saint-Maurice.
Saint-Germain-sur-Vienne.

Communautés de filles de la partie du diocèse de Limoges réunie à l'évêché de Périgueux.

Sœurs de la Charité de Nevers.

Nontron.

Sœurs du Sauveur.

Terrasson.

On a pu trouver ces listes trop longues : elles sont loin cependant d'êtres complètes. Diverses maisons n'y figurent pas. Notons dans le nombre les Célestins des Ternes, fondés au XIVe siècle par le

B. Roger. Cette maison n'existait pas encore ou avait cessé d'exister aux époques qui nous ont servi de termes de comparaison. L'ordre de Saint-Jean de Jérusalem n'hérita pas de toutes les maisons des templiers supprimées au xiv⁰ siècle. Enfin un grand nombre de petits prieurés étaient à l'origine de véritables monastères, transformés plus tard en simples cures. La liste des maisons religieuses de notre époque (1859) a aussi une certaine étendue; mais ces maisons ont généralement une population peu nombreuse, et elles sont toutes vouées à l'exercice de la charité et de l'enseignement. Les ordres d'hommes sont à peu près absents. Il faut avoir parcouru les campagnes d'une province entière, comme l'a fait l'auteur de cet article, pour comprendre le vide immense qu'y a fait la suppression des ordres religieux. Dans les villes, l'activité manufacturière et commerciale, les études militaires des garnisons, répandent une apparence de vie qui voile et fait oublier les plaies secrètes de la société moderne. Les campagnes deviennent de plus en plus désertes. Le couvent était à l'origine une école littéraire et agricole, un hospice et une hôtellerie. Quelque déviation que le pouvoir civil eût imposée à ces établissements, ils restaient sous la pression des souvenirs de leur origine. Une partie notable des revenus devait se consommer ou se donner sur place: une gestion même peu charitable rendait au village ce qu'il avait produit. Même dans les derniers temps, il faisait bon vivre à l'ombre des monastères. Cette sorte de propriété exigeait qu'on fût généreux pour les colons aussi bien que pour les pauvres. Un usufruitier à long terme améliore tout, parce qu'il compte sur l'avenir. Qui nous rendra les constructions puissantes, les chaussées gigantesques, les futaies séculaires, les bois sagement aménagés, les savantes conduites d'eau des anciens monastères? En d'autres termes, qui retiendra les populations rurales, et parera leurs tristes solitudes? Les revenus actuels des terres d'origine monastique, au lieu d'être consommés sur place, vont se dépenser dans les villes. Les grandes futaies ont disparu; les bois s'arrachent; les étangs se vident; les marécages des bas-fonds reparaissent. Des défrichements téméraires livrent aux pluies la terre légère de nos montagnes, et la roche nue apparaît pour des siècles: une partie notable de la Marche et du Limousin est lentement mais infailliblement reconquise par le désert. La suppression des abbayes, préparée et commencée long-temps avant la révolution, laisse un redoutable problème à résoudre: par quel moyen pourra-t-on retenir loin des villes, et fixer dans les campagnes, les populations agricoles? Qu'on trouve une solution: l'avenir est à ce prix.

De nos jours, des efforts heureux ont été faits pour l'amélioration des travaux agricoles; de nouvelles méthodes d'assolement ont été propagées par des écoles établies à cet effet; des sociétés ou comices, encouragés par des subventions, ont amélioré les races de bestiaux, propagé des cultures savantes. Nous rendons justice à ces résultats louables au mot *Agriculture;* mais la division extrême des propriétés, la mobilité du sol, les charges qu'il supporte, rendent difficiles, sinon impossibles, les grands travaux d'ensemble. Le labeur agricole demeurant toujours le plus rude et le moins salarié, les grandes villes attirent de plus en plus les populations rurales.

Dans les temps anciens, un attrait analogue groupa les foules autour des monastères. Ainsi que les noms le disent, les villes de Saint-Junien, Saint-Yrieix, Saint-Léonard, sortirent d'un cloître ou du tombeau d'un saint; Eymoutiers, Guéret, Tulle, Beaulieu et vingt autres n'eurent pas d'autre origine. Tous nos villages un peu considérables se sont ainsi formés. On venait chercher un refuge, des exemples et des secours à l'ombre des abbayes. La multiplicité de ces centres, en divisant leur action, eut aussi pour résultats de retenir les populations sur des points divers, et de peupler les parties les plus arides du territoire.

Lorsque les moines s'y établirent, nos deux grands chefs d'ordre, Dalon et Grandmont, étaient des solitudes délaissées à cause de leur aridité. Il y avait donc un attrait qui peuplait alors les campagnes: c'est le contraire aujourd'hui.

Nous allons dire l'état actuel des bâtiments de la plupart de nos anciennes abbayes: ce souvenir leur est bien dû. « Celui », a dit un docte protestant qui a pris place dans les conseils du gouvernement anglais, « celui que la vue des ruines d'un monastère n'émeut pas ne comprend rien à la reconnaissance, à ce qui est l'âme et la vie des sociétés: le passé et l'avenir lui sont également fermés. »

Ahun. — L'église est devenue paroissiale; les bâtiments claustraux sont une propriété particulière.

N.-D. d'Aubepierre. — Détruite.

Beaulieu. — Église paroissiale.

Bénévent. — Église paroissiale.

N.-D. de Beuil. — Détruite.

N.-D. de Bonnaigue. — Église détruite.

N.-D. de Bonlieu. — L'église est conservée en partie ainsi que le monastère; propriété particulière.

Grandmont. — Détruit.

Le Dorat. — Église paroissiale.

Lesterps. — La nef, formant la partie la plus ancienne de l'église, sert d'église paroissiale. Le monastère est transformé en presbytère, mairie, etc.

Meymac. — Église paroissiale; monastère transformé en presbytère.

N.-D. de Dalon. — Restes magnifiques de l'église; monastère converti en ferme.

N.-D. de La Colombe. — Détruite.

N.-D. du Palais. — Église en ruine.

N.-D. d'Obazine. — Église paroissiale; presbytère et nombreux fermiers établis dans les ruines du monastère.

N.-D. de Prébenoît. — Église récemment détruite; bâtiments conservés.

N.-D. de La Valette. — Église détruite; bâtiments conservés.

Saint-Augustin-lez-Limoges. — Église et monastère transformés en maison centrale de détention.

Saint-Martial. — Détruit; théâtre élevé sur l'emplacement du sanctuaire.

Saint-Martin-lez-Limoges. — Bien conservé; en vente.

Solignac. — Église paroissiale; fabrique de porcelaine.

Vigeois. — Église paroissiale; monastère détruit.

La Règle. — Le séminaire diocésain a été élevé sur ses ruines.

MAISONS DE LIMOGES.

Grands-Carmes des Arènes. — Église détruite; restes considérables du monastère, construit au XIIIe siècle et au XVe.

Cordeliers. — Maison de roulage.

Jacobins. — Une partie de l'église conservée; les bâtiments occupés par la manutention militaire.

Jésuites. — Lycée impérial.

Récollets de Sainte-Valérie. — Maison détruite.

Récollets de Saint-François. — École et maison de bains; église transformée en magasins après avoir été occupée par un théâtre.

Saint-Gérald. — Église détruite; l'hôtel-de-ville occupe le prieuré.

Carmélites. — Maison détruite.

Clairettes. — Maison détruite.

Filles de N.-D. — Habitations particulières.

La Providence. — Caserne.

La Visitation. — Caserne.

Le séminaire des Ordinands. — Caserne.

Séminaire de la Mission. — Église et dépendances occupées par l'hôpital.

ABJAC ou *Ajac*, *Ajad*, cure. — D. 164 l.; *F.* saint André, apôtre; *A.* Nontron; *P.* évêque, 1532, 1569, 1572, 1575, 1638, 1639, 1669, 1719, 1731, 1748, 1767; *O.* Limoges; *Pr.* Périgord; *G.* Bordeaux; *É.* Périgueux; *C.* 950; *Hab.* 1,425.

Chapelle au haut du bourg à l'honneur de saint François : François Texier, écuyer, seigneur de Javerlhac, Abjac, Gros-Puy et Haute-Faye, voulut qu'elle fût bâtie par son testament du 1er novembre 1649, signé Bernard.

Autre, bâtie par le même au château de Gros-Puy peu avant 1605; existait 1652. [Gros-Puy, en 1772, appartenait à la comtesse d'Aydie.]

Varzena ou *Varlena*, 1473. *Saint-Jean de Verlène*, prieuré. — *F.* saint Jean évangéliste, le 6 mai; *P.* prieur des Salles-de-Vauguyon, 1558, 1559, 1566, 1683, 1722.

Quoique placé sur le diocèse de Limoges dans l'ancienne carte du diocèse, est sur celui de Périgueux et la paroisse de Sensaud : la chapelle était en ruines en 1602. Par transaction du 14 juin 1473, signée Guillaume de Podio, le prieur des Salles devait donner pour les oblations au prieur de Boubon 40 sols chaque année; la collation appartient au prieur des Salles.

* **ABJAT**, commune du canton de Nontron (Dordogne), succursale. — *Di.* de Périgueux; *Hab.* 1678.

AFFIEU, *Affiou*, *Affien*, *Afio*, cure. — D. 123 l.; *F.* saint Pardoux, abbé; *P.* évêque, 1477, 1566, 1569, 1572, 1577, 1578, 1582, 1604, 1620, 1632, 1675, 1709, 1728. [*A.* Vigeois; *O.* Limoges; *Pr.* Bas-Limousin; *É.* Tulle; *G.* Limoges, *C.* 840; *Hab.* 1260.]

Vicairie fondée par Archambauld de Comborn à l'autel de Sainte-Catherine ou de Saint-Giles, et nommée de *Bonas Donas* ou *Bonne Donne*. — *P.* Louis de Pompadour, chevalier, baron de Bret, Laurière et Treignac, 1590. Philibert, chevalier des ordres du roi, capitaine de cent hommes d'armes de ses ordonnances et son lieutenant dans le Haut et Bas-Limousin, seigneur de Saint-Cyr-la-Roche, etc., 1605, 1606, 1610. Marie de Fabri, sa veuve et son héritière, 1634. Évêque, 1709. François-Marie, marquis d'Hautefort et de Pompadour, comte de Montignac, Treignac et Ségur, lieutenant général des armées du roi, comme mari de Marie-Françoise de Pompadour, 1740. Pierre Bouchaud d'Esparbès de Lussan, comte d'Aubeterre, 1728.

Vergonzanes ou *Vergongieras*, *Vergongeras*, *Vergonianes*, *Vergongnas* en 1566, prieuré. — D. 40 l.; *F.* saint Georges; *P.* prieur du Chalard est dit nommer, 1566, 1584, 1586, 1598. Gérald possédait en 1783.

* Villages : Marcilloux, Lafont, Vergonjane, Farzon, Moury, Chemin, Romanet, La Louche, Rivière, Mercier, Eydis, L'Eburdelerie, Balème, Espinet, Cueille, Le Leyris, Le Moulin de Marcilloux, Le Monteil, La Borie, Le Peuch, Fargeot, Poulème, Le Moulin du Peuch, La Prade.

AFFIEUX, succursale, commune du canton de Treignac (Corrèze). — *Di*. Tulle; *Hab*. 1,046. — Au chef-lieu, sur une hauteur dominant la Vézère, château à tours du moyen âge, possédé par la famille d'Affieux.

* AGRICULTURE. Les traits divers que nous groupons en ce tableau sont épars dans les articles de ce Dictionnaire. Le lecteur a donc sous la main les pièces justificatives de ce résumé historique. Leur réunion rend inutile la multiplicité des citations, qui couperaient désagréablement l'exposé rapide que nous allons faire, sans ajouter à sa certitude.

Le sol du Limousin, granitique pour la plus grande partie, et d'une moyenne altitude, est éminemment favorable à la production des essences forestières, surtout du chêne, du charme et du hêtre. A l'époque romaine, de grandes forêts couvraient une partie du territoire. On les retrouve sous les Mérovingiens, et leur immense développement à cette époque suppose une existence de beaucoup antérieure. Ainsi s'explique la position des stations romaines sur des points culminants dont les frimas et les orages rendaient le séjour peu agréable : *Fines* (Courbefy), *Prætorium* (Le Mont-de-Jouer), etc. De ces hauteurs la vue découvre des horizons immenses; rien n'échappe au regard de l'observateur, qui domine et suit le cours des vallées. D'autres établissements, *Andecamulum* (Rancon), *Acitodunum* (Ahun), etc., moins haut placés, commandent le passage des rivières. En tous ces lieux, des traces d'hypocaustes et d'aqueducs attestent que les garnisons romaines n'avaient pas renoncé aux habitudes hygiéniques de la mère-patrie. Autour de ces établissements, la fertilité du sol, recouvert par les débris, révèle une culture habile et persévérante.

Les villas nous feront encore mieux connaître les améliorations de toutes sortes dont les Romains se faisaient les propagateurs. Nous avons suivi, avec une mission spéciale, les fouilles faites par les soins de la Société Archéologique du Limousin à la villa des Ternes, près de Saint-Paul. Tout portait les traces d'une destruction violente et rapide, qui avait laissé sur place les témoignages pour ainsi dire vivants de l'état primitif des lieux. On y trouvait toutes les recherches du luxe et de l'élégance, des bains aux hypocaustes solides, des revêtements en marbre de Grèce et d'Italie. Les loges des esclaves et leurs chaînes, les instruments agricoles, pelles et pioches, les fers des mulets et des bœufs, des conduites d'eau savamment et laborieusement distribuées, prouvent que, pour les riches Romains, les embellissements qui résultent de la culture des champs étaient une condition essentielle de toute habitation patricienne. A la villa d'Antone, près Pierre-Buffière; à L'Artimache, près La Chapelle-Montbrandeix, des plantations de buis ou des restes de vignes en des lieux où ces cultures sont depuis long-temps inconnues témoignent, aussi bien que les monuments, de la présence et du séjour des Romains. A quelques exceptions près, la carte des établissements gallo-romains indique des lieux fertiles. (V. *la carte gallo-romaine*.)

Les rois de la première race se firent, autant qu'ils purent, les héritiers des Romains. On ne sera donc pas étonné de les trouver possédant en Limousin des villas et des terres. Dagobert dispose en faveur de saint Éloi de la terre de Solignac. Déjà, en 634, le même prince avait donné à Saint-Denis *Parciacus* (Parsac), *Nulliacus* (Naillac) et *Podentiniacus* (Château-Poinsac). Le palais de Jocundiac, d'où sont datés plusieurs diplômes du VIIe siècle et du VIIIe, fut aussi une habitation royale. A une époque antérieure, la légende de saint Léonard nous montre les rois venant chasser dans la forêt de Pauvin. Le Limousin, en effet, était demeuré ou redevenu une immense forêt. Nous n'en donnerons qu'une preuve : il serait facile de les multiplier. S'il est en Limousin un site qui ait pu tenter les cultivateurs, c'est le territoire occupé par la ville de Saint-Junien. En des pentes inclinées vers le couchant et le midi, et arrosées par les eaux limpides et calmes d'une rivière, le regard, aussi loin qu'il peut s'étendre, ne rencontre que la verdure des prairies; et cependant, lorsque saint Amand s'y établit, au VIe siècle, une forêt sauvage couvrait tout ce pays, et le manse voisin de Comodoliac ne comptait que trois familles. En remontant le cours de la Vienne, le voyageur rencontre d'autres vallées aussi riantes aujourd'hui : la plus gracieuse, celle où s'épanouit le bourg de Saint-Victurnien, s'appelait alors la vallée *Ténébreuse*. Il en était de même du territoire auquel saint Léonard a légué son tombeau et son nom. En poursuivant notre excursion sur les bords de la Vienne, nous trouverions à Eymoutiers un autre renseignement tout aussi décisif. Lorsque saint Psalmodius y bâtit une cabane, vers 680, la forêt de Grigeas enveloppait et couvrait tout ce territoire. L'affluence des cénobites qui venaient d'Italie et même d'Écosse chercher en Limousin une retraite éloignée des hommes témoigne de l'abandon dans lequel était demeuré tout ce territoire.

Les monastères naissants entreprirent le défrichement du sol et l'affranchissement des individus : saint Léonard obtint, pour la terre qui environnait sa cellule, une exemption entière de toutes charges fiscales ; saint Yrieix rendit la liberté à une partie des serfs attachés à ses terres, et allégea les liens des autres en les donnant à l'Église.

Cette pieuse influence, interrompue ou troublée par la violence, survit à toutes les guerres, et prépare l'éclatant réveil de l'esprit religieux qui caractérise le milieu du XIIe siècle. Nous souscrivons, pour notre part, à tous les éloges qu'on a donnés au XIIIe siècle ; mais toutes les merveilles qui se produisirent alors, et qui, à si longue distance, nous éblouissent encore, sortirent du XIIe, comme le fruit sort de la fleur.

La meilleure part en revient aux institutions monastiques, qui, avant et après 1130, se fondèrent avec une puissance qu'on ne surpassera jamais. Au nord et au midi, du couchant au levant, Cîteaux et Grandmont transformèrent tout le Limousin. Nous avons souvent entendu vanter le bon goût des moines, qui surent choisir pour leurs maisons des terres fertiles et des aspects pittoresques. Cet éloge n'est vrai qu'à demi. Les terres monastiques doivent leur fertilité au travail des religieux. L'abbaye de Dalon, d'où sortirent et à laquelle s'affilièrent en notre province onze autres monastères, fut d'abord établie par le B. Géraud de Sales dans un marais désert des environs de Tourtoyrac. Ce lieu abandonné ne fut revendiqué par un prétendu propriétaire que lorsque le marécage eut été desséché et défriché. Devant ses prétentions, les moines durent lever leur tente. Ils marchèrent vers le nord, et s'établirent à Dalon, autre marécage sans propriétaire. Ils desséchèrent toute cette vallée au moyen de tuyaux en terre cuite enfouis dans le sol, ce qui donne une date positive pour l'invention du drainage, qui a pris tant d'extension de nos jours (1) : la fondation de Dalon se place en 1114.

Que trouvait-on dans le désert d'Obazine, où un autre solitaire, saint Étienne, fonda un monastère vingt-cinq ans plus tard avec le concours de moines de Dalon? L'état présent du lieu confirme les descriptions des chroniqueurs contemporains : partout où l'aridité persiste, se montrent des montagnes dont les flancs abruptes ont été mis à nu ; un sol bouleversé, où les broussailles croissent avec peine ; des roches entassées donnant l'image du chaos, un de ces aspects chers aux peintres et détestés des laboureurs. Les moines y ont passé, et, partout où leur pioche a frappé le sol, elle en a fait jaillir des récoltes et les fruits du midi, la vigne et le figuier. C'est donc avec raison que le sculpteur du XIIIe siècle auquel on doit le tombeau de saint Étienne a paré son cercueil de l'image des plantes acclimatées par ses disciples sur ce sol ingrat. Sous le ciseau comme sous la charrue, la pierre a germé, et donné des fleurs et des fruits. Un aqueduc taillé dans le roc porte, de sommets en sommets, l'eau limpide et abondante d'un ruisseau sur des murs de soutènement qui ont jusqu'à cent pieds d'élévation. C'est encore aujourd'hui le moteur de plusieurs moulins. Il faut voir cette œuvre gigantesque, résistant, depuis soixante-dix ans, par sa seule masse, à l'abandon et au défaut d'entretien, pour apprécier l'énergique volonté qui fertilisa cette solitude. Quels développements n'acquéraient pas les troupeaux de moines pasteurs qui s'interdisaient l'usage de la viande, même en cas de maladie ? Au tombeau de saint Étienne, déjà cité, les convers appelés au tribunal du souverain Juge s'y présentent avec les troupeaux qu'ils ont gardés pendant leur vie terrestre : chèvres, moutons et porcs ; c'est un de leurs titres à la miséricorde divine.

Tous les autres monastères cisterciens firent les mêmes merveilles sous des formes différentes : à Bonlieu, entre autres, la Tarde fut coupée d'écluses, de prises d'eau et de chutes mises au service de moulins, de viviers et de canaux d'irrigation.

Mais, en Limousin, l'ordre agriculteur par excellence est Grandmont. Quelques renseignements plus développés deviennent ici nécessaires. Lorsque l'héritier des barons de Thiers, un autre Étienne, voulut embrasser la vie solitaire, il visita d'abord, nous dit Gérard Itier, son historien, il visita un grand nombre d'ermitages et de solitudes. Aucun lieu ne lui sembla plus propre à l'exécution de son dessein qu'une montagne boisée peu distante de la ville de Limoges, et nommée Muret. Il y trouva des fontaines et des sources, une terre déserte et sans chemins, dont les eaux froides et le séjour exposé aux vents lui promettaient, par leurs apparences manifestes, l'affliction du corps et le repos de l'esprit. Cette terre bocagère et stérile, où l'hiver régnait la plus grande partie de l'année, sur un sol ignoré des hommes et hanté par les bêtes fauves, pouvait-elle promettre autre chose?

---

(1) Nous avons pu constater ce fait sur place en octobre 1856.

Le lecteur judicieux devine que nous traduisons le texte d'un contemporain. A travers les changements opérés par huit siècles et ceux que promettent l'intelligence et le dévoûment des possesseurs actuels de ces solitudes, l'exactitude du tableau peut se vérifier sur place.

Et pourtant, lorsque, après un demi-siècle de pénitence et de travail, saint Étienne de Muret était près de mourir, ses disciples, déjà nombreux, ralliés autour de sa couche, se laissèrent aller à des plaintes naïves : « Très-saint père, disaient-ils, tout le temps que nous avons été en votre compagnie, Dieu, pour l'amour de vous, nous a donné le nécessaire ; mais, après votre mort, comment pourrons-nous vivre? Les choses temporelles s'en vont avec vous : qui nous sustentera désormais? » Et il leur répondit en les exhortant au détachement et à la confiance. « Ayez pour certain, dit-il, que j'ai passé près de cinquante années dans ce désert, les premières dans une grande disette, les dernières au sein d'une grande fertilité. Je n'ai manqué en ma pauvreté de rien de nécessaire ; je n'ai pas eu de superflu au sein de l'abondance. »

Toute la vie, toute la puissance des ordres monastiques agricoles, sont exprimées en ces quelques mots. Ces sentiments généreux ne prennent pas une égale puissance dans toutes les âmes. Après la mort de saint Étienne, les moines de Saint-Augustin-lez-Limoges, possesseurs du prieuré d'Ambazac, voisin de Muret, se rappelèrent leurs titres à la possession de cette solitude déjà défrichée, et les pauvres disciples durent s'enquérir d'une autre demeure. N'en trouvant pas de convenable, ils laissèrent à la Providence le soin de la désigner, et une voix céleste, entendue de plusieurs d'entre eux, indiqua, à une lieue de là, le site de Grandmont. Grandmont, ainsi que le nom l'indique, était une montagne aride, chenue, battue des vents, dont la cime plongeait dans les brouillards et la base dans les marécages. On obtint facilement l'assentiment du propriétaire de ces lieux, dont le sacrifice était peu considérable : il ne devinait pas la puissance de l'association monastique.

Visitez ces lieux, où cette action, languissante depuis trois siècles, est éteinte désormais. Les prairies les plus fertiles du Limousin sont sur ce sommet. Le sol sablonneux des bruyères non monastiques vous montrera ce qu'était toute la région à l'origine. Dans les vallées, des écluses colossales emprisonnèrent les eaux, et transformèrent en étangs les marais insalubres. Ainsi furent créés le Grand et le Petit-Jonas (1). Les eaux stagnantes, noyées dans une eau vive, transformèrent en riches viviers les marécages d'où sortaient les fièvres et la mort ; et bientôt ce sol infécond vit élever une grange (2) longue de deux cents pieds, divisée en trois nefs, comme une cathédrale, par deux rangs de piliers gigantesques, et ce vaste édifice avait peine à contenir les moissons recueillies sur ce sol auparavant aride. Grandmont devint le grenier, l'hospice, la providence d'une région naguère misérable, et tous ces travaux s'accomplirent par les mains de moines mal nourris, pauvrement vêtus, dont le souverain pontife dut prendre les intérêts en faisant améliorer leur soupe et leur triste pitance.

De Grandmont sortirent en quelques années des colonies nombreuses d'agriculteurs. Nous avons donné, au mot *Abbaye*, p. 25, la liste des vingt-deux succursales fondées en Limousin avant 1259. Il faut visiter sur place ces petites celles pour apprécier le vide qu'a fait dans le monde l'affaiblissement des ordres religieux. On éprouve en présence de ces ruines un sentiment analogue à celui qu'inspire la vue d'un cercueil. Pauvres campagnes! qu'ils soient bénis ceux qui leur rendront la vie et l'activité! Certes l'État, de nos jours, est une grande puissance, puisque toute puissance a été absorbée par lui, et cependant des intentions généreuses n'ont réussi qu'à créer pour chaque département une école d'agriculture. Sait-on tout ce qui manque à ces institutions?

Tout grandit, tout s'améliora ainsi en Limousin jusque vers le milieu du XIIIe siècle. N'oublions pas que les déclamations, protestantes d'abord, ensuite philosophiques, et plus tard révolutionnaires, atteignaient des institutions qu'avaient démantelées les guerres de la domination anglaise, le prétendu protestantisme des pillards ruinés et des commendataires complices de débauche de la secte philosophique. Dans les institutions politiques, les hommes valent souvent mieux que les lois : c'est le contraire dans l'Église, où les hommes sont toujours inférieurs aux institutions.

Grandmont pourtant fut en proie à de grandes dissensions. Au fond de ces débats, qui émurent toute la chrétienté, s'agitait la question de la supériorité du travail intellectuel et de la prière

(1) Ces deux étangs, assez mal entretenus, subsistent encore.
(2) Le Grand-Coudier : *ecoudre*, en langue limousine *battre le grain*.

publique sur le travail agricole. Telle était la cause du dissentiment des frères de chœur et des convers. Les savants qui employaient leur vie à l'étude, à l'office solennel, devaient-ils avoir la prééminence sur les frères, moins instruits, qui défrichaient le sol et soignaient les troupeaux? Une question agricole faisait donc tout le fond de ce débat.

Ces divisions scandaleuses ne nuisirent pas à la diffusion de l'ordre, et lui imprimèrent un caractère plus essentiellement agricole. Saint Étienne avait recommandé à ses disciples d'établir leurs celles ou monastères au milieu des bois, et d'en défricher la partie nécessaire à leur nourriture. (C. VII et XLVI.) Conformément à la règle, l'hospitalité y était exercée de la manière la plus large, et l'excédant des récoltes se distribuait aux pauvres. Mais le pieux fondateur semblait avoir interdit à ses religieux la possession du bétail : il fallut se relâcher de la sévérité de cette prescription. Les convers, devenus maîtres, tinrent à justifier leur prééminence par un redoublement d'activité. Plusieurs monastères furent fondés au milieu de ces troubles. Un pont sur la Gartempe et d'autres travaux d'utilité générale s'exécutèrent alors.

Grandes ou petites, les villes se donnèrent, vers le même temps, une autorité diversement indépendante, et établirent des règlements de police et d'administration intérieure qui rendaient facile et profitable la vente des denrées agricoles. Le cultivateur était sûr d'y trouver le débit de ses récoltes sous une protection presque paternelle. Tous ces avantages ne parurent pas achetés trop cher par l'établissement des droits perçus à l'entrée, droits alors fort modérés, comme nous le dirons ailleurs.

Les grands bois qui couronnaient toutes les hauteurs maintenaient-ils une température plus chaude dans les vallées, ou nos pères avaient-ils un goût plus facile à satisfaire? On se le demande en voyant l'extension que la culture de la vigne avait prise en Limousin dès le XIIIᵉ siècle. Ses pampres tapissaient tous les coteaux des rives de la Vienne et de ses affluents à partir de Limoges. Les vallées de la Briance et de la Ligoure, où cette culture est aujourd'hui presque inconnue, n'étaient qu'une suite de vignes. Le cours de la Gartempe, à partir de Mounimes, a gardé ses plantations primitives. On les retrouve au Dorat, à Magnac, et, sur les bords de la rivière, à La Croix, à Saint-Bonnet. Elles persistent, en diminuant chaque jour d'étendue, sur la rive droite de la Vienne depuis Limoges jusqu'à Saint-Junien. Cette culture ne donne des résultats importants que dans la partie méridionale du Limousin.

Le sol a une action évidente sur les êtres qui en tirent leur nourriture. Cette influence, fortifiée par celle du climat, se manifeste dans les animaux des diverses régions. Le terrain accidenté, riche en pâturages, du Limousin vit se former lentement une race de chevaux maigres, sveltes, rapides, infatigables, excellents coureurs. On a attribué aux croisades l'introduction de ce type, et on a voulu trouver le sang arabe dans cette race, ruinée par la révolution, et presque anéantie par l'introduction des chevaux anglais. Nous ne sommes pas en mesure de discuter cette assertion; mais un document curieux publié par M. M. Ardant dans le Bulletin de la Société Archéologique du Limousin (T. VIII) nous renseigne sur le haut prix auquel s'estimaient déjà les chevaux limousins dans le premier tiers du XIVᵉ siècle. Une *montre* ou revue des chevaliers suivant la bannière de Jean, vicomte de Rochechouard, eut lieu à Chalus entre 1316 et 1340. A cette occasion, les chevaux montés par les chevaliers ou écuyers présents furent estimés : leur prix varie de vingt-cinq à cent soixante livres. Les études que nous avons faites sur les valeurs respectives de la monnaie et des céréales en notre province à ces deux époques assignent à ces deux termes la valeur présente de douze cent cinquante francs à huit mille francs; en moyenne, deux mille cent francs pour chaque cheval apprécié. Ces prix indiquent l'existence d'une race de chevaux de luxe.

Il fallut toutes les ressources des maisons patriciennes pour que cette race pût se maintenir à travers les guerres de la domination anglaise. Alors les pillages, les exactions, la destruction des récoltes, toutes les autres suites de la guerre désolèrent cette malheureuse province. Les routes larges et bien tracées qui sillonnaient le pays cessèrent d'être entretenues. Vers le milieu du XVᵉ siècle seulement, après l'expulsion définitive des Anglais, l'agriculture redevient florissante.

Le XIIᵉ siècle sur sa fin a construit presque toutes les églises, et le XVᵉ siècle expirant les a presque toutes restaurées. Ces deux époques marquent les deux termes du développement agricole le plus actif et le plus heureux. Mais le protestantisme vint tout bouleverser et tout remettre en question. Le peuple demeura généralement fidèle à la foi de ses pères. Des défections plus nombreuses eurent lieu parmi la noblesse. Quelques seigneurs ruinés et cupides cherchèrent dans l'hérésie un prétexte pour s'emparer des biens des monastères. Dans le nombre, l'histoire flétrira toujours les noms des barons de Pierre-Buffière, des comtes de Châteauneuf et de

Saint-Germain-Beaupré. Le vol, le meurtre et l'incendie marchèrent à leur suite de paroisse en paroisse. La désertion des campagnes et la famine furent la conséquence de toutes ces violences. Dieu semble les avoir châtiées en éteignant ces familles, autrefois glorieuses.

Les guerres qui précédèrent l'arrivée de Henri IV au trône et à la possession incontestée de la couronne de France ne mirent pas un terme à ces fléaux. A partir de la paix, des efforts considérables furent faits pour honorer et encourager l'agriculture. La trace en est partout visible en Limousin, jusque dans ces gigantesques tilleuls qui ornaient l'entrée de presque toutes les églises de village, et qu'une tradition populaire nomme des *Sully*, et dans ces mûriers déjà séculaires qui ont survécu à l'abandon de cette culture. Des châteaux à l'architecture élégante s'élevèrent de toutes parts; des jardins embellis par des orangeries et par de riants ombrages en décorèrent les abords.

Les longues guerres du règne de Louis XIV et la vie fastueuse de ce prince pesèrent doublement sur les campagnes. En attirant la noblesse à sa cour, *en lui faisant porter ses forêts sur son dos*, c'est-à-dire en la ruinant et en la déplaçant, il accoutuma les grands propriétaires à dépenser leurs revenus loin des lieux qui les produisaient. Tout s'en allait en carrosses et en magnificences inutiles. Les dettes s'aggravaient, et la fureur d'agiotage du règne suivant s'explique ainsi : on cherchait dans un jeu rapide les moyens de rétablir une fortune entamée.

Les maisons religieuses que la commende n'avait pas envahies se retrempèrent dans la ferveur de leur institution primitive. Mais, à l'exception de la réforme de l'abbé de Rancé, réforme dont l'austérité restreignit le développement, tous les ordres renouvelés se vouèrent aux travaux de l'intelligence. Il y eut de ce côté une renaissance chrétienne dont l'agriculture ne profita guère. Pour faire la part du bien, il est juste d'ajouter que l'institution des généralités produisit à la longue d'excellents résultats. Les administrateurs connus sous le nom d'*intendants* tinrent à marquer leur passage par des embellissements et des travaux utiles. Dans la plupart des villes importantes furent créées des places publiques vastes, aérées, bien plantées. C'est à la création de la place d'Orsay que le Limousin doit l'introduction du frêne. Les routes, long-temps négligées, s'ouvrirent avec un luxe oublié depuis le XIIIe siècle. Turgot, intendant de la généralité de Limoges, se distingua entre tous par les services qu'il rendit à la province. Les routes qu'il fit réparer et celles qu'il ouvrit reçurent des plantations d'arbres. Sa sollicitude prévoyante encouragea de toutes manières l'agriculture. Déjà un autre intendant, M. Pajot de Marcheval, avait fondé, en 1759, la Société d'Agriculture. Cette institution s'est soutenue à travers quelques interruptions qui avaient une cause politique : elle a rendu les plus grands services. Les méthodes d'assolement, l'emploi des plantes sarclées, l'usage d'instruments aratoires perfectionnés, l'emploi des amendements calcaires, l'amélioration des races d'animaux du pays, sont dus à son activité. Un Bulletin, formant plus de quarante volumes de mémoires, a été publié par ses soins depuis le commencement de ce siècle. Des encouragements et des exemples de toutes sortes ont été donnés par elle aux agriculteurs du pays. On se souviendra toujours des services rendus à la province par deux de ses membres, M. Juge-Saint-Martin et M. le comte de Montbron. Leurs mains intelligentes ont paré nos coteaux de la riante végétation des arbres étrangers; leurs études, longtemps poursuivies, nous ont fait connaître les nombreux emprunts que notre sol tempéré peut faire avec bonheur à la flore des autres pays. Un grand nombre d'espèces nouvelles se sont ajoutées aux cent quarante qui croissent spontanément et de tout temps en Limousin. Ce sujet sera convenablement traité au mot *Flore*. Nous indiquerons aux mots *Minéralogie* et *Industrie* les services analogues rendus au pays par le président de la Société d'Agriculture, M. Alluaud aîné. Cet article ne pouvait donner qu'une vue d'ensemble : les détails viendront en leur lieu.

Des sociétés émules de la Société d'Agriculture de Limoges se sont fondées à Tulle et à Guéret, et elles ont rendu des services de même nature. Formons le vœu de voir l'activité des grands propriétaires se tourner de plus en plus vers le sol. La Providence a mis à notre disposition une contrée admirable de variété et de fraîcheur. Sa position intermédiaire, la distribution de ses collines en étages qui s'élèvent graduellement du couchant au levant, y rendent possibles toutes les cultures. A l'exception de l'olivier, on y trouve réunis tous les fruits de la France. Les arbres à pépins y réussissent à merveille. Trois variétés de poires exquises sont venues spontanément dans ses bois : en 1094, nous apprend Geoffroi du Vigeois, un paysan du village d'Angoisse près Saint-Yrieix découvrit cette variété, qui prit le nom du lieu (1); une autre variété a été trouvée à Eybouleuf près Saint-Léonard; la troisième, bien connue pour l'abondance et le goût

(1) Ap. Labbe, *Bibl. ms., Aquit.*, II, 293.

exquis de ses fruits, la poire du Mas-Belle-Épine, a été trouvée dans la forêt de Rochechouard, et le poirier type d'où sont sortis des sujets si nombreux existe encore sur place.

Que les aspects agréables de cette région attirent les grands propriétaires, afin que le patronage de la richesse succède à celui des communautés monastiques! sinon l'absentéisme des riches et des ouvriers, le morcellement de la propriété, le défrichement des bois, rendront de plus en plus grand l'appauvrissement du sol et la désertion des campagnes. Les propriétés bien tenues qui avoisinent les villes peuvent faire croire à un progrès agricole général : c'est une illusion qui s'est évanouie à nos yeux à la vue des communes rurales. Pour le département de la Creuse principalement, *il y a péril en la demeure* : c'est son exploration, faite en détail, qui nous a arraché les plaintes que nous avons exprimées au mot ABBAYES.

Nous allons maintenant donner le résultat de nos recherches sur l'abondance et la disette des récoltes en Limousin. En généralisant des observations de ce genre, on pourrait arriver à des conclusions pratiques. Dans tous les cas, notre âge pourra trouver quelques avertissements dans ce tableau des misères de nos aïeux.

Les extraits suivants des chroniques limousines, publiées dans le volume XXI des Historiens des Gaules et de la France et dans Labbe, vont nous renseigner sur le prix des céréales dans les années extraordinaires de disette et d'abondance, du XIe siècle à la fin du XIIIe. A partir de l'année 1400, nous sommes en mesure de donner, année par année, le prix des cours légaux à Limoges du froment, du seigle, de l'avoine et du vin.

En 1122, une grande famine désola le Limousin : elle paraît avoir été causée par la sècheresse.

En 1163, autre disette. Le setier de froment se vendait sept sous; celui de seigle, cinq sous; celui d'avoine, trois sous.

En 1167, il y eut une telle abondance de vin et de blé que, à La Souterraine, le setier de vin se donnait pour un denier, le setier de froment pour cinq deniers, et celui de seigle pour trois deniers. L'huile n'était pas moins abondante. Geoffroi du Vigeois, qui rapporte le même fait sous la date de 1180, déclare l'avoir vu de ses yeux.

En 1235, le blé fut si rare que, avant les moissons de l'année suivante, le setier de seigle se vendait seize sous et plus; le setier de froment, vingt sous; le setier de vin blanc, quand on en pouvait trouver, quatre sous; une pomme, six deniers et plus, selon sa grosseur; une poule, dix-huit deniers; une grenade, onze sous et plus; deux prunes, un ou deux deniers; et la mortalité fut si grande, cette année, dans le diocèse de Limoges et alentour, qu'on trouvait avec peine des gens pour porter les morts aux fosses. Les curés et sacristains le faisaient quelquefois eux-mêmes. Dans le cimetière de l'hôpital Saint-Gérald, on ensevelissait chaque jour trente à quarante personnes; j'ai même lu qu'une fois ce nombre s'éleva jusqu'à cent. Plusieurs milliers de personnes périrent alors par la faim ou la contagion. Dans l'abbaye de Saint-Martial, vingt-deux moines trépassèrent entre la fête de l'Ascension et celle de saint Michel, sans compter ceux qui moururent dans les obédiences. Selon un autre chroniqueur, les habitants des campagnes étaient réduits à paître l'herbe comme des animaux. Le setier de blé, qui se vendait vingt sous à Limoges, valait cent sous à Poitiers. La contagion du *feu sacré* ou *mal des ardents* fit de grands ravages dans le Poitou et le Limousin, et elle atteignait riches et pauvres, jeunes et vieux.

En 1257, il y eut dans le royaume de France des pluies tellement abondantes que les moissons et les raisins ne purent arriver à maturité. J'ai vu donner pour du vin deux charges de verjus. A la fête de sainte Catherine, le pressoir de St-Martin était encore occupé par cette vendange. Plusieurs personnes dédaignèrent de la cueillir, et l'abandonnèrent dans les vignes. Le vin était tellement vert en Limousin et aux environs qu'il ne pouvait entrer en ébullition (fermenter) dans la cuve. Cependant, au mois de mars suivant, ce travail sembla s'opérer. Le vin vieux se vendait alors à Limoges sept sous et plus, et guère moins. L'année suivante, il y eut disette de blé : au mois de janvier, le setier de seigle se vendait huit sous; le setier de froment, neuf sous; le setier de vin, seize deniers avant la moisson; après la moisson, dix sous et plus. Cette disette régna dans toute l'Aquitaine et en divers autres lieux.

Une tempête violente éclata en Limousin et en Poitou la veille de la fête de sainte Madeleine 1260. Le lendemain, on trouvait les loups et les bêtes fauves tués dans les champs. En 1263, autre tempête, qui détruisit les blés et les vignes.

En 1265, le vin fut très-cher dans toute la France et l'Aquitaine. Alors le muid de vin qu'eurent les chanoines de Saint-Étienne et les chapelains de Saint-Laurent coûta quatre livres, et il coûta ce prix aux autres chapelains, qui le devaient, quoiqu'un vin *suffisant* se pût obtenir à un prix inférieur. Mais « prend qui peut prendre ».

Une grande sécheresse tarit les sources et les rivières en 1266.

En 1266, avant la moisson, le setier de froment se donnait pour deux sous et huit deniers, le setier de seigle pour vingt-deux deniers, le vin pour dix deniers; plus tard il atteignit le prix de vingt deniers.

En 1267, après Noël, le setier de froment se donnait pour deux sous et trois deniers; le setier de seigle, pour seize deniers, et la mesure d'avoine pour deux ou trois deniers.

En 1268, le setier de froment se vendait vingt-deux deniers environ; le setier de seigle, de quinze à douze deniers; la mesure d'avoine se donnait pour deux deniers. Il y eut alors une telle abondance de tous les vivres, du blé, du vin et des autres biens, qu'il n'y avait pas souvenir d'une richesse aussi grande et aussi continue.

En 1269, le setier de froment se vendait trois sous.

En 1270, la récolte manqua un peu : le setier de seigle valut quatre sous, et celui de froment quatre sous et six deniers. Une gelée survenue le jour de la fête des saints Jacques et Philippe avait détruit les vignes de Limoges et de divers autres lieux.

Nous donnons ci-contre les forléaux de Limoges — agriculture — de 1400 à 1859.

ANNÉES.	FROMENT. Le setier.			SEIGLE. Le setier.			AVOINE GROSSE. L'éminal.			AVOINE PETITE. L'éminal.			VIN. La charge.			OBSERVATIONS.
	liv.	sous.	den.	liv.	sous.	den.	liv.	sous.	den.	liv.	sous.	den.	liv.	sous.	den.	
1400	»	11	6	»	7	8	»	3	7	»	2	2	»	14	8	
1401	»	10	7	»	6	10	»	4	1	»	2	3	»	15	2	
1402	»	12	2	»	7	5	»	3	11	»	3	»	»	14	5	
1403 (1)	»	13	1	»	5	»	»	4	3	»	3	»	»	14	4	(1) À la suite d'une inondation générale qui avait désolé l'Aquitaine, le prix du froment atteignit 20 sous, et celui du seigle 13 sous.
1404	»	11	2	»	5	6	»	3	8	»	3	»	»	15	5	
1405	»	11	3	»	6	6	»	3	4	»	3	4	»	14	7	
1406	»	12	8	»	5	4	»	3	7	»	2	5	»	13	8	
1407	»	10	6	»	5	2	»	3	5	»	3	11	»	12	5	
1408	»	10	6	»	4	11	»	3	5	»	2	6	»	11	2	
1409	»	10	6	»	4	11	»	4	1	»	2	8	»	12	»	
1410	»	11	3	»	4	11	»	3	8	»	0	0	»	10	7	
1411	»	10	2	»	3	8	»	3	9	»	2	8	»	10	5	
1412	»	10	2	»	3	8	»	3	9	»	2	8	»	10	5	
1413	»	10	5	»	3	9	»	2	5	»	1	6	»	11	»	
1414	»	12	»	»	8	»	»	2	»	»	1	6	»	15	2	
1415	»	12	8	»	8	10	»	2	6	»	1	10	»	14	10	
1416	»	19	»	»	12	»	»	3	»	»	2	3	»	14	2	
1417	»	19	»	»	12	»	»	3	»	»	2	3	»	15	»	
1418	1	10	»	»	12	6	»	3	»	»	2	3	»	15	8	
1419	»	13	»	»	9	»	»	3	»	»	2	8	»	14	11	
1420	1	14	»	1	4	»	»	7	6	»	4	2	1	12	»	
1421	6	10	»	5	10	»	»	14	11	»	10	6	1	19	5	
1422	6	10	»	5	10	»	»	14	11	»	10	6	1	19	5	
1423	3	11	»	1	19	8	»	11	»	»	7	6	»	4	10	
1424	»	19	6	»	8	»	»	7	»	»	4	»	1	2	6	
1425	»	19	6	»	8	»	»	6	»	»	4	»	1	2	2	
1426	»	19	6	»	8	»	»	6	»	»	4	»	1	2	2	
1427	»	12	6	»	7	8	»	4	2	»	3	3	1	2	2	
1428	»	12	6	»	7	8	»	4	8	»	3	3	1	2	2	
1429	2	15	»	1	17	»	»	5	10	»	4	7	3	2	1	
1430	»	14	»	»	13	»	»	2	10	»	1	1	»	1	11	
1431	»	14	»	»	13	»	»	2	10	»	1	1	»	1	11	
1432 (2)	1	10	»	»	12	»	»	2	2	»	1	3	»	1	11	(2) De 1432 à 1456 le marc d'argent varia de prix légal à Limoges de 7 livres 5 sous à 7 livres 10 sols, ce qui donne au sol d'alors une
1433	»	10	»	»	12	»	»	2	2	»	»	»	»	1	3	

ANNÉES.	FROMENT. Le setier.			SEIGLE. Le setier.			AVOINE GROSSE. L'éminal.			AVOINE PETITE. L'éminal			VIN La charge.			OBSERVATIONS.
	liv.	sous.	den.	liv.	sous.	den.	liv.	sous.	den.	liv.	sous.	den.	liv.	sous.	den.	
1434	»	6	»	»	2	»	»	1	2	»	»	6	»	15	5	valeur actuelle de 35 à 32 c. A 1 livre 10 sous, le prix du setier de froment était donc de 9 fr. 90 c. en monnaie actuelle, tandis que les prix de 6 sous indiqué pour l'année 1434 ne serait que de 1 fr. 98 c., soit 3 fr. 96 c. l'hectolitre. Cette base servira à convertir en prix actuels tous nos autres renseignements.
1435	»	6	»	»	2	»	»	1	2	»	»	6	»	15	5	
1436	»	7	6	»	3	»	»	1	2	»	»	6	»	16	8	
1437	»	8	4	»	6	»	»	1	2	»	»	6	»	16	8	
1438	»	15	6	»	14	11	»	3	»	»	1	6	»	17	9	
1439	»	13	»	»	9	»	»	2	9	»	1	»	»	15	6	
1440	»	7	5	»	6	8	»	1	10	»	»	11	»	12	8	
1441	»	7	5	»	6	8	»	1	10	»	»	11	»	12	8	
1442	»	6	8	»	4	2	»	1	10	»	»	11	»	12	8	
1443	»	7	6	»	4	7	»	1	10	»	»	11	»	12	8	
1444	»	6	»	»	3	2	»	1	10	»	»	11	»	12	8	
1445	»	5	»	»	2	5	»	1	8	»	»	11	»	12	8	
1446	»	4	7	»	3	11	»	1	»	»	»	11	»	11	»	
1447	»	6	»	»	3	4	»	1	10	»	1	»	»	13	»	
1448	»	6	5	»	3	»	»	1	10	»	1	»	»	13	»	
1449	»	7	11	»	4	78	»	1	8	»	1	»	»	10	10	
1450	»	10	2	»	8	»	»	2	»	»	1	6	»	11	»	
1451	»	7	8	»	5	5	»	1	7	»	1	5	»	10	»	
1452	»	8	»	»	4	2	»	2	1	»	1	7	»	10	»	
1453	»	6	8	»	3	9	»	2	1	»	1	7	»	10	»	
1454	»	7	»	»	3	4	»	2	»	»	1	6	»	10	»	
1455	»	9	»	»	5	»	»	2	»	»	1	6	»	10	»	
1456	»	9	2	»	7	4	»	2	1	»	1	6	»	10	»	
1457 (1)	»	16	»	»	15	»	»	2	1	»	1	11	»	10	»	(1) En 1457, le prix du marc d'argent est fixé par les consuls de Limoges à 8 livres 15 sous. Le sou avait donc la puissance de 25 centimes. (2) De 1458 à 1463, le prix du marc d'argent est fixé à 8 livres 10 sous, valeur pour le sou, 28 centimes. Ce prix reste le même jusqu'à 1474. De 1474 à 1481, le prix du marc d'argent est fixé à 10 livres, soit, pour le sou, 24 centimes.
1458 (2)	»	8	»	»	8	»	»	1	7	»	1	»	»	19	»	
1459	»	10	»	»	10	»	»	1	8	»	1	»	1	»	»	
1460	»	7	6	»	7	6	»	1	3	»	1	1	»	17	7	
1461	»	7	6	»	7	6	»	1	3	»	1	1	»	17	7	
1462	»	7	6	»	7	6	»	1	3	»	1	2	»	17	7	
1463 (3)	»	5	6	»	5	6	»	1	2	»	»	11	»	15	2	(3) Le registre consulaire note comme fait mémorable que la vendange se fit tard, parce que les raisins ne purent mûrir. Le vin fut très-vert, et, après la vendange, le vin vieux se vendait 7 sous et 8 deniers la pinte; le vin nouveau, 2 deniers, et, à ce prix, le vin vieux était préféré.
1464	»	6	3	»	6	3	»	1	8	»	»	10	»	14	1	
1465	»	5	8	»	5	8	»	1	8	»	»	10	»	18	4	
1466	»	5	»	»	5	»	»	»	9	»	»	10	»	13	4	
1467	»	5	»	»	5	»	»	»	10	»	»	8	»	11	5	

ANNÉES.	FROMENT. Le setier.			SEIGLE. Le setier.			AVOINE						VIN. La charge.			OBSERVATIONS.
							GROSSE. L'éminal.			PETITE. L'éminal.						
	liv.	sous.	den.	liv.	sous.	den.	liv.	sous.	den.	liv.	sous.	den.	liv.	sous.	den.	
1468	»	4	7	»	4	7	»	1	1	»	»	9	»	10	»	
1469 (1)	»	5	»	»	5	»	»	»	4	»	»	3	»	7	»	(1) Grande mortalité à Limoges.
1470	»	5	3	»	3	4	»	1	1	»	»	10	»	8	»	
1471	»	5	3	»	3	4	»	1	1	»	»	11	»	9	»	
1472	»	10	»	»	7	6	»	1	4	»	»	1	»	11	»	
1473	»	11	»	»	8	4	»	1	5	»	»	»	»	11	»	
1474	»	9	6	»	5	8	»	1	5	»	1	»	»	11	2	
1475	»	8	4	»	5	10	»	1	5	»	1	1	»	11	1	
1476	»	8	6	»	5	10	»	1	5	»	1	1	»	12	»	
1477	»	6	6	»	5	10	»	1	5	»	1	1	»	12	»	
1478	»	5	5	»	3	2	»	1	3	»	»	10	»	12	»	
1479	»	5	»	»	2	3	»	1	3	»	»	10	»	12	»	
1480	»	6	3	»	4	»	»	1	4	»	»	10	»	12	»	
1481 (2)	»	16	»	»	13	»	»	1	4	»	»	10	»	15	»	(2) Une procession solennelle avec les reliques de saint Martial fut faite en cette année, sur la demande de Louis XI, pour obtenir de Dieu une bonne récolte en blé.
1482	»	10	»	»	15	»	»	2	1	»	»	11	»	13	»	
1483 (3)	»	12	»	»	8	»	»	1	2	»	»	10	1	»	»	(3) De 1483 à 1524 le prix du marc d'argent flotte entre 11 livres et 12 livres 10 sous. La valeur du sou traduite en centimes varie donc de 20 à 22.
1484	»	10	10	»	7	6	»	1	6	»	1	12	»	19	»	
1485	»	10	10	»	7	6	»	1	6	»	1	6	»	19	»	
1486	»	14	»	»	11	»	»	1	19	»	1	4	1	2	»	
1487	»	9	6	»	6	13	»	1	2	»	»	11	»	18	»	
1488	»	6	8	»	4	2	»	1	5	»	»	11	»	15	»	
1489	»	9	6	»	7	»	»	1	5	»	1	5	»	17	6	
1490	»	7	3	»	4	7	»	1	5	»	2	11	»	13	»	
1491	»	11	»	»	8	»	»	1	6	»	»	»	»	18	»	
1492	»	8	9	»	6	»	»	2	6	»	1	6	»	17	»	
1493	»	10	»	»	7	»	»	1	10	»	1	4	»	18	»	
1494	»	9	1	»	6	6	»	1	5	»	1	1	»	18	»	
1495	»	10	»	»	6	10	»	1	7	»	1	1	»	19	»	
1496	»	13	»	»	11	»	»	2	»	»	1	3	1	»	»	
1497	»	13	»	»	11	»	»	2	2	»	2	»	1	»	»	
1498	»	14	»	»	9	2	»	1	5	»	1	1	1	1	»	
1499	»	11	»	»	7	»	»	1	4	»	1	»	1	1	»	
1500	»	13	»	»	10	»	»	1	6	»	1	2	1	1	»	
1501	»	19	»	»	13	»	»	2	1	»	1	7	1	1	»	

ANNÉES.	FROMENT. Le setier.			SEIGLE. Le setier.			AVOINE						VIN. La charge.			OBSERVATIONS.
							GROSSE. L'éminal.			PETITE. L'éminal.						
	liv.	sous.	den.	liv.	sous.	den.	liv.	sous.	den.	liv.	sous.	den.	liv.	sous.	den.	
1502	»	13	9	»	8	4	»	1	8	»	1	2	1	»	»	
1503	»	14	»	»	8	6	»	2	6	»	2	»	1	2	»	
1504	1	3	»	»	16	3	»	4	6	»	2	»	2	»	»	
1505	»	12	6	»	7	»	»	1	11	»	»	»	1	2	»	
1506	»	11	6	»	6	6	»	1	6	»	1	1	1	»	»	
1507	»	14	»	»	11	3	»	1	6	»	1	3	1	»	»	
1508	»	13	4	»	9	»	»	2	»	»	1	7	1	7	3	
1509	»	12	»	»	6	»	»	1	8	»	1	1	»	19	10	
1510	»	8	9	»	5	9	»	1	6	»	1	1	»	14	11	
1511	»	8	6	»	5	6	»	1	6	»	1	1	»	14	8	
1512	»	9	»	»	7	»	»	1	8	»	1	2	»	15	11	
1513	»	9	»	»	7	8	»	1	4	»	1	»	1	7	3	
1514	»	10	»	»	6	3	»	1	6	»	1	»	»	14	7	
1515	1	1	»	»	18	»	»	2	»	»	1	8	1	6	»	
1516	»	14	2	»	10	»	»	2	1	»	1	7	»	17	»	
1517	»	13	»	»	8	4	»	2	»	»	1	6	»	16	2	
1518	»	18	4	»	9	8	»	3	»	»	2	2	»	14	6	
1519	»	14	6	»	9	2	»	2	6	»	2	»	»	10	6	
1520	»	19	»	»	13	6	»	3	2	»	2	8	1	3	4	
1521	»	18	»	»	11	3	»	2	9	»	2	1	1	8	3	
1522	»	15	»	»	12	»	»	2	»	»	1	7	1	4	6	
1523	»	15	»	»	12	»	»	2	»	»	1	7	1	4	6	
1524	1	6	»	»	17	3	»	2	9	»	1	10	4	12	2	
1525 (1)	»	18	»	»	7	6	»	1	10	»	1	»	»	14	3	(1) De 1525 à 1535 le prix du marc d'argent varia de 13 livres 5 sous à 13 livres 9 sous. Le sou d'alors avait donc la puissance de 17 à 18 c.
1526	»	13	»	»	8	4	»	2	9	»	1	11	1	4	»	
1527	»	18	»	»	11	4	»	3	»	»	3	»	1	14	7	
1528	1	4	»	»	17	»	»	3	6	»	2	8	1	19	1	
1529	1	8	»	1	5	»	»	3	6	»	2	11	1	15	3	
1530	1	4	»	»	15	»	»	3	»	»	2	2	1	19	10	
1531	1	17	»	1	7	»	»	4	»	»	3	»	2	4	7	
1532	1	5	»	»	14	»	»	3	»	»	2	5	1	6	3	(2) Après de longues intempéries, le beau temps reparut à l'ouverture de l'Ostension des reliques de saint Martial.
1533 (2)	»	19	»	»	11	4	»	2	1	»	1	8	1	8	3	
1534 (3)	»	13	9	»	7	6	»	2	»	»	1	2	»	18	»	(3) En 1534, le prix du marc d'argent fut fixé à 14 livres 5 sous.
1535 (4)	»	13	4	»	9	»	»	2	4	»	1	5	1	5	4	(4) En 1535, prix du marc d'argent, 13 livres 5 sous.

ANNÉES.	FROMENT. Le setier.			SEIGLE. Le setier.			AVOINE GROSSE. L'éminal.			AVOINE PETITE. L'éminal.			VIN. La charge.			OBSERVATIONS.
	liv.	sous.	den.	liv.	sous.	den.	liv.	sous.	de.	liv.	sous.	den.	liv.	sous.	den.	
1536	»	11	6	»	7	4	»	2	2	»	1	7	1	19	7	
1537 (1)	»	11	»	»	6	»	»	2	3	»	1	7	»	17	7	(1) En 1537 et 1538, prix du marc d'argent, 14 livres 10 sous.
1538	»	15	»	»	10	5	»	3	»	»	2	2	2	3	5	
1539	»	19	»	»	14	6	»	3	4	»	2	5	»	19	5	
1540	»	14	8	»	9	1	»	2	6	»	2	»	1	13	2	
1541 (2)	»	17	4	»	13	4	»	2	9	»	2	1	1	16	7	(2) De 1541 à 1549 le marc d'argent valait 14 livres, soit, pour le sou, 10 centimes. La taxe du marc cesse à partir de 1549.
1542	»	14	8	»	11	5	»	2	6	»	2	»	2	»	»	
1543	»	18	6	»	11	»	»	2	6	»	1	6	2	6	»	
1544	»	14	»	»	10	4	»	2	»	»	1	7	2	7	6	
1545	1	2	2	»	18	2	»	2	9	»	2	8	2	2	9	
1546	»	15	»	»	10	»	»	2	6	»	2	»	1	»	»	
1547	»	14	7	»	9	10	»	2	9	»	2	»	1	1	7	
1548	»	18	»	»	12	10	»	3	»	»	2	7	»	17	3	
1549	1	2	»	1	»	»	»	3	»	»	2	7	1	10	7	
1550	»	18	»	»	9	6	»	3	6	»	2	1	»	16	»	
1551	1	5	5	»	15	9	»	3	»	»	2	7	1	3	4	
1552	1	»	»	»	12	»	»	3	»	»	2	5	»	19	7	
1553	1	17	»	»	11	»	»	2	6	»	1	8	1	3	»	
1554	»	19	»	»	14	6	»	3	6	»	2	»	1	7	6	
1555	»	18	2	»	16	»	»	2	9	»	1	1	1	11	9	
1556	1	3	11	»	10	8	»	4	7	»	3	»	»	17	5	
1557	1	1	3	»	12	1	»	3	2	»	2	»	»	11	7	
1558	»	17	4	»	11	2	»	2	11	»	»	»	»	18	7	
1559	»	18	4	»	11	6	»	3	»	»	2	»	1	14	3	
1560	1	»	»	»	15	»	»	3	»	»	2	»	2	11	3	
1561	1	7	8	1	4	9	»	4	6	»	3	3	1	18	»	
1562	2	7	6	1	15	4	»	6	»	»	4	2	2	11	»	
1563	1	15	»	1	4	»	»	5	»	»	3	11	2	6	6	
1564	1	14	7	1	6	4	»	5	2	»	3	10	3	6	8	
1565	2	7	9	1	18	9	»	7	5	»	5	10	3	11	»	
1566	1	10	5	1	5	9	»	5	7	»	4	»	2	»	3	
1567	1	7	1	»	18	9	»	5	2	»	4	»	1	7	3	
1568	1	7	6	»	16	4	»	4	1	»	3	»	1	17	3	
1569	2	1	6	1	5	4	»	5	9	»	4	»	4	1	3	

ANNÉES.	FROMENT. Le setier.			SEIGLE. Le setier.			AVOINE GROSSE. L'éminal.			AVOINE PETITE. L'éminal.			VIN. La charge.			OBSERVATIONS.
	liv.	sous.	den.	liv.	sous.	den.	liv.	sous.	den.	liv.	sous.	den.	liv.	sous	den	
1570	2	8	3	1	10	15	»	6	9	»	5	»	3	2	9	
1571	2	14	9	2	6	3	»	6	3	»	4	10	3	4	7	
1572	2	12	3	2	2	4	»	7	5	»	5	8	3	18	3	
1573	3	13	»	2	6	4	»	7	2	»	5	6	8	1	2	
1574	2	2	6	1	12	6	»	5	6	»	4	8	4	10	16	
1575	1	10	5	»	18	»	»	4	5	»	3	5	3	8	9	
1576	2	8	9	1	16	2	»	6	4	»	4	3	5	5	»	
1577	2	4	3	1	18	4	»	6	3	»	4	4	7	1	6	
1578	1	10	4	1	2	2	»	5	4	»	4	10	4	1	6	
1579	2	1	8	1	11	4	»	6	3	»	5	»	4	1	3	
1580	1	11	6	1	5	9	»	4	7	»	3	3	4	2	3	
1581	1	14	4	1	4	4	»	7	2	»	5	3	1	12	»	
1582	1	13	2	1	5	4	»	6	4	»	5	»	2	6	4	
1583	1	19	4	1	11	3	»	6	3	»	5	»	1	7	6	
1584	1	18	6	1	8	4	»	5	4	»	5	»	1	3	3	
1585	2	»	4	1	12	6	»	4	8	»	4	5	2	1	»	
1586	2	14	6	2	11	3	»	7	4	»	5	2	5	15	»	
1587	2	10	4	2	5	6	»	6	2	»	5	»	5	5	4	
1588	1	11	4	1	6	6	»	5	2	»	4	2	5	4	3	
1589	1	15	»	1	8	»	»	5	»	»	3	10	5	10	»	
1590	2	5	»	1	15	»	»	6	6	»	4	4	5	15	»	
1591	2	2	6	1	12	6	»	5	»	»	4	»	6	1	»	
1592	2	5	2	1	14	4	»	6	2	»	4	3	7 / 6	18 / 10	7 / 3	
1593	1	18	»	1	9	»	»	6	5	»	4	4	3	15	»	
1594 (1)	2	5	8	1	14	9	»	7	3	»	5	6	5	5	»	(1) Pluies torrentielles qui durèrent 40 jours.
1595	2	16	3	2	4	7	»	10	15	»	5	10	4	16	8	
1596	3	3	4	2	5	4	»	5	9	»	5	7	5	5	»	
1597	3	12	14	2	18	2	»	12	6	»	8	10	6	10	6	
1598	3	7	»	2	10	»	»	9	»	»	6	2	7	»	»	
1599	1	17	2	1	8	6	»	4	7	»	3	»	4	15	»	
1600	1	12	9	1	2	7	»	7	3	»	5	3	4	10	»	
1601	1	11	»	1	1	»	»	7	»	»	5	»	3	»	»	
1602	1	11	»	1	1	»	»	7	»	»	5	»	7	»	»	
1603	1	15	»	1	5	»	»	8	»	»	6	2	4	15	»	

ANNÉES.	FROMENT. Le setier.			SEIGLE. Le setier.			AVOINE						VIN. La charge.			OBSERVATIONS.
							GROSSE. L'éminal.			PETITE. L'éminal.						
	liv.	sous	den	liv.	sous.	den.	liv.	sous.	den	liv.	sous.	den.	liv.	sous.	den.	
1604	1	16	»	1	5	3	»	8	7	»	6	9	3	10	»	
1605	1	18	»	1	7	»	»	8	7	»	6	9	3	12	»	
1606	2	7	»	1	15	»	»	8	7	»	6	9	5	5	»	
1607	2	5	»	1	15	»	»	8	4	»	7	3	7	5	»	
1608	2	10	»	2	»	»	»	9	»	»	7	»	5	10	»	
1609	2	12	6	2	1	»	»	9	»	»	7	»	7	7	6	
1610	2	6	»	1	15	»	»	8	»	»	6	»	4	5	»	
1611	2	12	»	1	14	»	»	7	»	»	5	6	4	»	»	
1612	2	11	»	1	16	»	»	9	5	»	7	9	5	»	»	
1613	2	11	»	2	»	»	»	9	6	»	8	»	5	10	»	
1614	4	12	»	4	»	»	»	16	»	»	12	6	6	»	»	
1615	2	5	»	1	10	»	»	9	»	»	7	»	3	»	»	
1616	2	3	»	1	6	»	»	8	6	»	6	»	3	5	»	
1617	2	8	»	1	8	»	»	9	3	»	6	6	4	10	»	
1618	2	5	»	1	8	»	»	9	8	»	7	»	5	»	»	
1619	2	5	»	1	8	»	»	7	6	»	7	»	6	»	»	
1620	2	5	»	1	8	»	»	7	»	»	7	»	6	10	»	
1621	2	5	»	1	8	»	»	8	»	»	7	»	6	10	»	
1622	2	5	»	1	10	»	»	8	»	»	7	»	6	15	»	
1623	2	3	»	1	6	»	»	7	»	»	7	»	4	10	»	
1624	2	2	»	1	6	»	»	7	»	»	»	»	5	»	»	
1625	2	14	»	1	15	»	»	8	»	»	»	»	5	5	»	
1626	3	10	»	2	7	6	»	9	»	»	»	»	5	5	»	
1627	4	10	»	3	15	»	»	13	»	»	»	»	5	5	»	
1628	4	»	»	3	10	»	»	12	»	»	»	»	5	5	»	
1629	5	»	»	3	10	»	»	10	»	»	»	»	5	»	»	
1630	8	»	»	6	»	»	»	14	»	»	»	»	4	»	»	
1631	4	»	»	2	13	»	»	10	»	»	»	»	3	»	»	
1632	3	»	»	2	5	»	»	9	»	»	»	»	4	10	»	
1633	2	15	»	2	»	»	»	7	6	»	»	»	4	10	»	
1634	2	6	»	1	13	»	»	7	6	»	»	»	4 / 5	5 / 10	»	
1635	2	15	»	1	17	»	»	8	6	»	»	»	5 / 5	10 / 5	»	
1636	2	15	»	1	15	»	»	7	»	»	»	»	5 / 4	5 / 15	»	
1637	2	15	»	1	15	»	»	12	»	»	»	»	4 / 5	15 / 15	»	

ANNÉES.	FROMENT. Le setier.			SEIGLE. Le setier.			AVOINE. L'éminal.			VIN. La charge.			OBSERVATIONS.
	liv.	sous.	den.	liv.	sous.	den.	liv.	sous.	den.	liv.	sous.	den.	
1638	2	14	»	1	14	»	»	8	»	5	15	»	
1639	2	»	»	1	15	»	»	7	»	5	10	»	
1640	2	5	»	1	10	»	»	7	»	4	15	16	
1641	3	»	»	2	12	»	»	10	»	6	»	»	
1642 (1)	3	16	»	3	»	»	»	12	»	6	10	»	(1) Pluies torrentielles.
1643	5	16	»	4	12	»	»	15	»	6	16	»	
1644	4	15	»	3	16	»	»	12	»	7	»	»	
1645 (2)	3	4	»	2	8	»	»	10	»	4	10	»	(2) Sécheresse prolongée.
1646	2	5	»	1	13	»	»	7	6	4	10	»	
1647	2	7	»	1	15	»	»	7	»	4	10	»	
1648	2	10	»	1	15	»	»	8	6	4	10	»	
1649	2	15	»	2	4	»	»	9	»	6	»	»	
1650	3	»	»	2	5	»	»	8	»	4	10	»	
1651	5	»	»	4	»	»	»	12	»	6	»	»	
1652	5	5	»	4	10	»	»	12	»	7	10	»	
1653	3	»	»	2	10	»	»	12	»	6	»	»	
1654	3	»	»	2	10	»	»	12	»	6	»	»	
1655	3	9	»	2	4	»	»	10	»	6	»	»	
1656	3	3	6	2	7	»	»	11	»	8	»	»	
1657	3	»	»	2	2	»	»	10	»	5	10	»	
1658	3	»	»	2	6	»	»	10	»	5	»	»	
1659	3	10	»	2	10	»	»	12	»	7	»	»	
1660	3	10	»	2	10	»	»	12	»	5	10	»	
1661	4	10	»	2	10	»	»	12	»	4	10	»	
1662	5	10	»	3	10	»	»	18	»	4	»	»	
1663 (3)	5	10	»	3	8	»	»	14	»	5	»	»	(3) Pluies torrentielles, qui cessèrent le 8 juillet après la procession des reliques de saint Martial.
1664	5	10	»	3	10	»	»	13	»	6	»	»	
1665	3	15	»	2	18	»	»	12	»	6	»	»	
1666	3	5	»	2	10	»	»	12	»	3	10	»	
1667	3	»	»	2	5	»	»	10	»	4	»	»	
1668	3	»	»	2	»	»	»	10	»	4	10	»	
1669	3	5	»	2	3	»	»	10	6	4	5	»	
1670	3	8	»	2	1	»	»	9	»	4	»	»	
1671	3	10	9	1	14	5	»	9	6	4	»	»	

ANNÉES.	FROMENT. Le setier.			SEIGLE. Le setier.			AVOINE. L'éminal.			VIN. La charge.			OBSERVATIONS.
	liv.	sous.	den.	liv.	sous.	den	liv.	sous	den.	liv.	sous	den.	
1672	2	10	»	1	13	6	»	8	6	4	»	»	
1673	2	4	»	1	13	6	»	8	6	4	»	»	
1674 (1)	2	8	9	1	16	9	»	10	»	4	10	»	(1) Pluies torrentielles, qui cessèrent le 28 juillet à la suite d'une procession des reliques de saint Martial.
1675 (2)	3	1	6	2	18	»	»	10	»	4	»	»	(2) Même température, qui cessa le 11 juillet, jour où l'on fit procession solennelle avec les reliques de saint Martial.
1676	3	4	»	2	3	»	»	10	»	4	10	»	
1677	3	10	»	2	8	»	»	9	»	4	10	»	
1678 (3)	3	14	»	2	9	»	»	10	»	»	»	»	(3) Sècheresse extraordinaire.
1679	4	5	»	3	10	6	»	12	»	»	»	»	
1680	3	4	»	2	1	»	»	10	»	4	»	»	
1681	3	7	»	1	18	6	»	10	»	»	»	»	
1682	3	2	»	2	1	»	»	10	»	»	»	»	
1683 (4)	3	2	»	2	2	»	»	9	»	4	15	»	(4) Sècheresse extraordinaire.
1684	4	»	»	2	7	»	»	9	»	4	»	»	
1685	4	12	»	2	17	»	»	11	»	4	10	»	
1686	2	19	»	1	15	»	»	11	10	4	10	»	
1687	2	11	6	1	14	»	»	9	»	2	10	»	
1688	2	9	»	1	16	»	»	9	»	3	»	»	
1689	2	11	»	1	19	»	»	12	»	4	10	»	
1690	3	»	»	2	12	»	»	13	»	4	10	»	
1691	4	16	»	3	4	»	»	16	»	6	10	»	
1692 (5)	5	13	»	3	18	»	1	2	»	9	»	»	(5) Pluies torrentielles.
1693	6	15	»	5	9	6	1	8	»	7	10	»	
1694	4	»	»	2	16	»	»	14	»	8	»	»	
1695	3	6	»	2	6	»	»	13	»	8	»	»	
1696	3	10	»	2	10	»	»	15	»	8	»	»	
1697	4	5	»	2	15	»	»	16	»	10	»	»	
1698	6	5	»	5	3	»	1	7	»	10	»	»	
1699	5	10	»	4	»	»	1	2	»	10	»	»	
1700	4	9	4	2	18	6	»	18	6	5	»	»	
1701	4	3	»	2	16	»	»	18	»	6	10	»	
1702	3	7	»	2	»	»	»	11	»	10	»	»	
1703	3	14	»	2	»	»	»	14	6	11	»	»	
1704	3	15	»	2	13	»	»	16	»	7	»	»	
1705	2	16	»	1	19	»	»	12	»	9	9	»	

ANNÉES.	FROMENT. Le setier.			SEIGLE. Le setier.			AVOINE. L'éminal.			VIN. La charge.			OBSERVATIONS.
	liv.	sous.	den.	liv.	sous.	den.	liv.	sous	den.	liv.	sous	den	
1706	2	2	»	1	5	»	»	9	»	4	»	»	
1707	2	10	»	1	11	»	»	10	»	3	10	»	
1708	5	1	»	3	14	»	1	2	»	7	»	»	
1709	5	5	»	3	15	»	1	2	»	»	»	»	
1710	3	16	»	2	18	»	»	17	»	15	»	»	
1711	4	8	»	3	3	»	»	18	»	15	»	»	
1712	8	5	»	6	12	»	1	17	»	9	»	»	
1713	8	2	»	6	3	»	1	15	»	10	»	»	
1714	4	18	»	3	6	»	»	19	»	13	»	»	
1715	3	15	»	2	9	»	»	15	»	8	»	»	
1716	3	12	»	2	9	»	»	15	»	7	»	»	
1717	3	1	»	1	19	»	»	12	»	6	»	»	
1718	3	11	»	2	3	»	»	14	»	5	10	»	
1719	5	3	»	3	2	»	1	1	»	6	»	»	
1720	4	19	»	3	»	»	1	»	»	6	»	»	
1721	4	18	»	2	19	»	»	19	»	14	»	»	
1722	5	5	»	2	18	»	1	»	»	14	»	»	
1723	5	8	»	3	4	»	1	1	»	8	»	»	
1724	5	16	»	3	15	»	1	4	»	6	10	»	
1725	5	1	»	3	19	»	1	2	»	7	10	»	
1726	4	7	»	3	2	»	»	18	»	10	10	»	
1727	4	2	»	2	19	»	»	17	»	8	»	»	
1728	4	9	»	3	10	»	1	»	»	7	»	»	
1729	4	1	»	3	»	»	»	17	»	6	10	»	
1730	4	2	»	3	2	»	»	18	»	6	»	»	
1731 (1)	4	1	»	2	14	»	»	16	»	6	»	»	(1) Pluie persistante.
1732 (2)	3	17	»	2	13	»	»	16	»	5	10	»	(2) Pluie persistante.
1733	3	11	»	2	9	»	»	15	»	9	5	»	
1734	3	3	»	2	2	»	»	13	»	7	»	»	
1735 (3)	3	4	»	2	3	11	»	14	5	8	2	»	(3) Pluie persistante.
1736	4	10	»	2	17	10	»	17	»	8	10	»	
1737	4	8	»	3	2	8	»	19	»	4	10	»	
1738 (4)	6	14	9	5	8	7	1	10	5	6	10	»	(4) Pluie persistante.
1739	5	9	11	4	2	6	1	4	»	7	10	»	

ANNÉES.	FROMENT. Le setier.			SEIGLE. Le setier.			AVOINE. L'éminal.			VIN. La charge.			OBSERVATIONS.
	liv.	sous.	den	liv.	sous.	den	liv.	sous	den.	liv.	sous.	den.	
1740	5	»	4	3	14	2	1	2	»	16	»	»	
1741	4	15	2	3	1	8	»	19	»	15	»	»	
1742	3	15	4	2	8	4	»	15	»	9	10	»	
1743	3	6	6	2	4	»	»	14	»	5	»	»	
1744	2	19	3	1	18	4	»	12	»	6	10	»	
1745	3	3	»	2	4	10	»	13	»	6	7	»	
1746	4	15	2	3	8	»	»	13	»	12	»	»	
1747	6	10	»	4	7	10	1	8	»	11	10	»	
1748	5	0	2	3	11	4	1	3	»	7	»	»	
1749	4	9	5	3	9	3	»	19	9	11	»	»	
1750	4	3	»	2	19	7	»	17	»	11	»	»	
1751	6	4	6	4	9	»	1	6	»	8	10	»	
1752	6	2	10	4	7	8	1	6	4	7	»	»	
1753	4	2	7	3	»	»	»	19	»	7	»	»	
1754	3	16	10	2	11	10	»	16	»	8	»	»	
1755	3	7	3	2	4	4	»	14	»	7	17	6	
1756	3	18	»	2	15	2	»	16	»	8	»	»	
1757	4	5	»	2	7	»	»	17	9	7	15	»	
1758	5	2	»	3	8	»	1	1	»	12	15	»	
1759	5	12	»	3	14	8	1	3	4	8	3	»	
1760	4	10	6	3	1	4	»	19	»	5	15	»	
1761	3	18	4	2	18	5	»	17	»	5	15	»	
1762	4	5	7	2	17	1	1	10	»	7	10	»	
1763	4	7	9	2	16	8	1	13	»	8	10	»	
1764	4	15	5	3	5	4	1	17	»	6	»	»	
1765	6	12	»	4	8	»	1	15	»	6	10	»	
1766	6	12	9	4	16	6	1	6	6	11	10	»	
1767	5	11	»	4	1	6	1	4	»	19	»	»	
1768	5	10	9	3	3	10	1	8	»	12	»	»	
1769	11	2	7	7	17	9	2	5	»	8	»	»	
1770	9	2	3	7	13	6	2	2	»	13	»	»	
1771	8	11	8	7	4	10	1	19	»	13	»	»	
1772	7	19	10	5	6	9	1	16	»	8	10	»	
1773	7	1	9	4	7	5	1	13	»	11	»	»	

ANNÉES.	FROMENT. Le setier.			SEIGLE. Le setier.			AVOINE. L'éminal.			VIN. La charge.			OBSERVATIONS.
	liv.	sous.	den.	liv.	sous.	den.	liv.	sous.	den.	liv.	sous.	den	
1774	8	10	»	6	16	»	2	2	»	15	»	»	
1775	5	16	»	4	1	5	1	12	»	9	10	»	
1776	6	2	6	3	19	6	1	7	»	8	»	»	
1777	7	11	1	5	6	6	1	13	»	21	»	»	
1778	6	12	10	4	17	10	1	13	»	12	»	»	
1779	5	15	9	3	14	1	1	10	»	7	10	»	
1780	6	2	»	3	11	11	»	»	»	»	»	»	
1781	8	2	5	5	11	6	»	»	»	»	»	»	
1782	8	17	6	5	14	»	»	»	»	»	»	»	
1783	6	15	10	4	12	9	»	»	»	»	»	»	
1784	5	17	6	3	16	10	»	»	»	»	»	»	
1785	7	8	1	4	12	8	»	»	»	»	»	»	
1786	7	8	7	4	5	»	»	»	»	»	»	»	
1787	6	17	6	4	6	2	»	»	»	»	»	»	
1788	9	2	9	7	8	1	»	»	»	»	»	»	
1789 (1)	10	12	4	8	9	5	»	»	»	»	»	»	(1) Pluie persistante.
1790	7	19	1	5	6	2	»	»	»	»	»	»	
1791	10	3	1	7	9	5	»	»	»	»	»	»	
1792	16	9	»	13	2	6	»	»	»	»	»	»	
1793													
1794													
1795													
1796													
1797													
1798													
1799	} Prix énormes et variables d'un jour à l'autre : impossibilité de constater un cours régulier.												
1800													
1801													
1802													
1803													
1804													

ANNÉES.	FROMENT. Le setier.		SEIGLE. Le setier.		OBSERVATIONS.	ANNÉES.	FROMENT. Le setier.		SEIGLE. Le setier.		OBSERVATIONS.
	fr.	c.	fr.	c.			fr.	c.	fr.	c.	
1805 (1)	7	60	4	40	(1) A partir de cette époque, nous avons maintenu le setier comme mesure d'unité; mais le prix est indiqué en francs et centimes.	1833	8	59	5	79	
1806	7	60	4	32		1834	7	95	5	25	
1807	9	04	6	24		1835	7	44	5	11	
1808	9	56	5	20		1836	8	34	5	57	
1809	8	»	6	60		1837	10	17	7	14	
1810	8	30	7	»		1838	9	96	7	37	
1811	12	»	9	20		1839	10	20	6	54	
1812	18	04	14	90		1840	10	87	7	05	
1813	15	30	10	95		1841	9	11	6	69	
1814	9	35	7	25		1842	9	45	6	98	
1815	9	30	6	22		1843	9	81	6	58	
1816	12	25	8	50		1844	10	64	7	97	
1817	16	65	13	29		1845	9	88	7	83	
1818	13	07	9	26		1846	10	94	8	78	
1819	10	82	6	59		1847 (1)	14	62	11	44	(1) Ce prix est antérieur au maximum de vente, qui, pour l'hectolitre de froment ou le double setier, atteignit 45 fr., soit 22 fr. 50 c. pour le setier.
1820	6	25	5	60		1848	9	76	6	32	
1821	9	70	5	75		1849	7	94	4	88	
1822	7	60	4	77		1850	7	05	4	13	
1823	6	91	4	73		1851	7	28	4	25	
1824	8	92	6	12		1852	7	33	4	64	
1825	8	05	5	95		1853	9	»	5	88	
1826	7	50	5	70		1854 (2)	14	57	11	40	(2) Même observation que plus haut : le maximum de l'hectolitre atteignit le prix de 34 fr.
1827	7	42	5	30		1855	12	04	8	69	
1828	9	80	5	87		1856	15	93	11	20	
1829	10	11	5	98		1857	13	95	9	36	
1830	11	27	8	12		1858	8	97	6	03	
1831	11	31	8	77		1859	7	62	4	52	
1832	10	34	7	22							

LIMOGES. — IMPRIMERIE DE CHAPOULAUD FRÈRES.

www.ingramcontent.com/pod-product-compliance
Lightning Source LLC
LaVergne TN
LVHW022146080426
835511LV00008B/1293